ARKANA

MICHAEL ROSCHER

Die Fische Persönlichkeit

Charakter, Schicksal und Chancen.
Mit Mondpositionen
und Aszendentenbestimmung

ARKANA
GOLDMANN

Umwelthinweis:
Alle bedruckten Materialien dieses Taschenbuches sind chlorfrei und umweltschonend.

Originalausgabe Januar 1999

Umschlaggestaltung: Design Team München
Umschlagabbildung: AKG, Berlin
Verlagsnummer 21515
Realisation und Gesamtbetreuung:
Christine Proske, Ariadne Buchkonzeption, München
Redaktion: Ralf Lay
Grafik: D.T.P. Factory, Susanne Bertenbreiter, München
Herstellung: H+G Lidl, München
Satz: Fotosatz Völkl, Puchheim
Druck: Elsnerdruck, Berlin
Made in Germany
ISBN 3-442-21515-3
www.goldmann-verlag.de
2. Auflage

Inhalt

ANHANG

Vorwort

Bücher zu den »Stern«- oder Tierkreiszeichen gibt es scheinbar wie Sand am Meer. Welchen Sinn macht es da, erneut darüber zu schreiben; ist nicht alles schon Dutzende Male geschrieben worden, was es zu diesem Thema mitzuteilen gibt? Ich glaube, nicht. Denn wer sich ein wenig näher mit dem Thema Astrologie beschäftigt hat, kann zwei sehr unterschiedliche Bereiche ausmachen: Astrologie als Unterhaltung und Zeitvertreib, wie wir sie zum Beispiel auf Zuckerstückchenpapier und auf der Horoskopseite nahezu jeder Illustrierten finden, und die ernsthafte Astrologie, deren Studium viele Jahre beansprucht. Auch wenn die Astrologie einmal die Königin der Wissenschaften war, die an jeder renommierten Universität gelehrt wurde, so wird sie doch heute von den meisten mit der Unterhaltungsastrologie verwechselt; und nur die wenigsten wissen, wie umfangreich, komplex und faszinierend die »richtige« Astrologie ist.

Diese Buchreihe versucht einen dritten Weg zu gehen, indem die ernsthafte und die Unterhaltungsastrologie zusammengeführt werden. Das, was sich mit den Methoden anspruchsvoller Astrologie über die Tierkreiszeichen sagen läßt, habe ich in diesen Bändchen darzustellen versucht. Gerade weil auch die Mondzeichen und die Bedeutungen der Geburtstage mit einbezogen wurden, konnten Aussagen gemacht werden, die sicherlich um einiges genauer und zutreffender sind, als dies in einem »normalen« Buch über Tierkreiszeichen möglich wäre. Gleichzeitig sollte jedoch auch der unterhaltende Aspekt nicht zu kurz kommen, schließlich lähmt kaum etwas mehr das Interesse und die Neugier als trockener Lesestoff. Das Ziel war eine Lektüre, die seriöses astrologisches Wissen über uns selbst, über unsere Stärken und Schwächen vermittelt. Das Lesen sollte Spaß machen, und die Aussagen sollten so treffend sein, wie es in diesem Rahmen eben möglich ist. Wer auf den Geschmack kommt und noch mehr über sich und sein Horoskop erfahren möchte, findet zu diesem Thema Tips und Hinweise am Ende des Buches.

Ich möchte mich an dieser Stelle bei meiner Lebensgefährtin, der Astrologin und Buchautorin Brigitte Hamann, bedanken, die einen wesentlichen Anteil am Zustandekommen dieser Reihe hatte. Die meisten Illustrationen und Zitate stammen von ihr, sie hat die Märchen ausgewählt, bearbeitet und kommentiert, und einige Abschnitte entstammen – in leicht überarbeiteter Form – ihrem Buch *Die zwölf Archetypen.*

Michael Roscher,
im Herbst 1998

Kontaktadresse des Autors:

Michael Roscher
Schule für Transpersonale Astrologie ®
Postfach 31 02 01
D-90202 Nürnberg

Einleitung: Wie die Gestirne unser Schicksal beeinflussen

Die Astrologie ist trotz aller Anfeindungen ein fester Bestandteil unserer Kultur, unseres Fühlens und Denkens geblieben. Das Interesse an diesem seit Jahrtausenden genährten Wissensschatz nimmt sogar immer mehr zu. Es hofft zum Beispiel jeder, »unter einem guten Stern geboren zu sein«, unabhängig davon, ob wir an Astrologie glauben oder nicht. Und so wird das Geburtsdatum eines Menschen nach wie vor mit dem Sternsymbol * dargestellt.

Die sieben Wochentage und ihre Namen werden von den sieben »klassischen« Planeten unseres Sonnensystems abgeleitet: der Sonntag von der Sonne, der Montag vom Mond, der Dienstag vom germanischen Kriegsgott Tiu (Týr), der dem Mars entspricht. Der Mittwoch heißt im Französischen *Mercredi,* also »Merkurtag«. Der Donnerstag (im Englischen *Thursday*) geht auf den germanischen Gott Thor zurück, der wiederum mit Jupiter vergleichbar ist. Der Freitag leitet sich von der Göttin Freyja ab, der germanischen Entsprechung der Venus. Der Samstag, mit dem die Woche vollendet wird, ist dem Saturn zugeordnet.

Wochentage

Das Wort »Desaster« (Unglück) kommt vom italienischen *disastro,* was »Unstern« bedeutet. Jemand, der einen starken Mars hat, wirkt auf andere martialisch, das heißt »kriegerisch, bedrohlich«; im Englischen nennt man die Kampfkünste *martial arts.* Unsere Stimmun-

Die Planetensymbole

Sonne	Mond	Merkur	Venus	Mars
☉	☽	☿	♀	♂
Jupiter	**Saturn**	**Uranus**	**Neptun**	**Pluto**
♃	♄	⛢	♆	♇

gen werden durch den Mond beeinflußt, was sich sprachlich in dem Wort »Laune« (lateinisch *luna* = »Mond«) widerspiegelt. Und wie der Mond sein Aussehen beständig verändert, so wechseln auch unsere Gefühle.

Es ließen sich noch viele Beispiele aufführen, doch soll dies hier genügen, um zu zeigen, wie sehr uns die Astrologie in Fleisch und Blut übergegangen ist, ohne daß uns dies normalerweise bewußt wird.

Charakteranlagen und Schicksal

Daß sich über die Planetenstände bei der Geburt Charakteranlagen, Schicksal und Chancen ermitteln lassen, ist längst bewiesen, auch wenn die Gegner der Astrologie dies nicht wahrhaben wollen.

Früher meinte man, von den Gestirnen gingen Strahlungen aus, die uns im Augenblick der Geburt lebenslang prägen. Manche Forscher versuchen immer noch, die Stimmigkeit der Astrologie auf diese Weise zu erklären. Der Ansatz ist sicherlich nicht völlig falsch. Allein der Mond verursacht mit seiner Anziehungskraft Ebbe und Flut und hat, wie man inzwischen weiß, auch einen deutlichen Einfluß auf das Wetter. Wenn der Mond die Weltmeere zu bewegen vermag, dann ist es auch einleuchtend, daß er den Menschen beeinflußt, dessen

Der chaldäische Stern

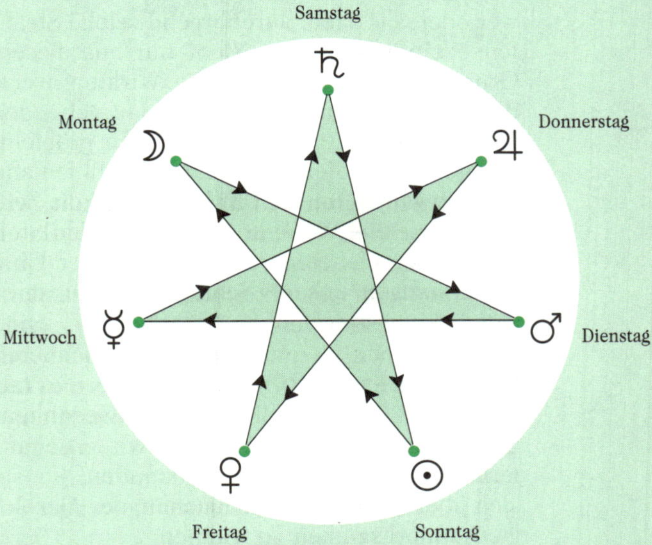

Die Darstellung der sieben klassischen Planeten als Tagesregenten kreisförmig in einem siebeneckigen Stern wird »chaldäischer Stern« genannt. Beginnt man beim Mond entgegen dem Uhrzeigersinn zu zählen, ergibt sich die Reihenfolge: *Mond, Merkur, Venus, Sonne, Mars, Jupiter, Saturn.* Dies gibt die Umlaufgeschwindigkeit der Himmelskörper um die Erde wieder. Der Mond bewegt sich, von der Erde aus gesehen, am schnellsten, der Saturn am langsamsten. Folgt man hingegen den Pfeilen des Sterns, entsteht die Reihenfolge: *Mond, Mars, Merkur, Jupiter, Venus, Saturn, Sonne,* was unseren Wochentagen entspricht.

Körper ja auch zum größten Teil aus Wasser besteht.

Die Astrologie funktioniert jedoch auch sicher bei der Ermittlung günstiger Daten für

Ermittlung günstiger Daten

Firmengründungen, Vertragsunterzeichnungen, Eheschließungen und dergleichen mehr. Hier fragt man sich dann in der Tat verwundert, wer oder was dabei durch irgendwelche Strahlen beeinflußt wird ... Nicht nur aus diesem Grund ist es besser, sich die Wirkungsweise der Astrologie wie die einer genau gehenden Uhr vorzustellen: Wir können an ihr problemlos die richtige Zeit ablesen, ohne daß jemand glauben würde, unsere Uhr beeinflusse die Zeit. Auf die gleiche Weise können wir in den Stellungen der Planeten Analogien unserer Charakteranlagen, unseres Schicksals und unserer Entwicklungsmöglichkeiten erkennen, ohne daran glauben zu müssen, daß die Planeten unser Schicksal *bestimmen* – sie *zeigen* es nur an. Dieser an sich völlig einfache Gedankengang wird selbst von führenden Wissenschaftlern offensichtlich nicht verstanden, so sie sich überhaupt die Mühe machen, der Astrologie Aufmerksamkeit zu widmen.

Keine Ersatzreligion

Ähnlich verhält es sich mit zahlreichen gläubigen Menschen, die fälschlicherweise annehmen, die Astrologie wäre eine »Ersatzreligion«, die uns ein unausweichliches Schicksal predige und an die Stelle des Gottesglaubens den an die Sterne setze. Nichts könnte falscher sein; denn ein vernünftiger Mensch wird die Psychologie nicht verdächtigen, Religion sein zu wollen, und Astrologie ist nichts anderes als das in Jahrtausenden gereifte psychologische Wissen der Menschheit – ein Erkenntnisprozeß, der begann, lange bevor es das Wort »Psychologie« überhaupt gab.

Einer der Grundlehrsätze der Astrologie lautet: »Der Weise beherrscht die Sterne.« Das heißt, die Astrologie strebt nicht an, dem Menschen ein angeblich unausweichliches Schicksal aufzudrängen, sondern sie will und kann echte Lebenshilfe sein, indem sie uns lehrt, uns selbst und unsere Mitmenschen besser zu verstehen.

Echte Lebenshilfe

Wenn wir beginnen, unser eigenes Wesen besser zu begreifen, werden natürlich auch Schwächen und der eine oder andere weniger erfreuliche Wesenszug sichtbar. Dies ist jedoch kein Grund, sich zu ärgern oder gar zu verzagen, sondern vielmehr die große Chance, das Beste aus unseren Möglichkeiten zu machen, die Schwierigkeiten, die wir mit uns und unseren Mitmenschen haben, zu meistern sowie dadurch zu wachsen.

Die Richtigkeit dieser Annahme wird uns indirekt auch bestätigt, wenn wir uns manche Menschen anschauen, die in ihrem Horoskop die umgekehrten Voraussetzungen aufweisen – sie sind besonders begabt, in ihrem Leben bieten sich außergewöhnliche Möglichkeiten, und sie machen dennoch nichts daraus. Das beste Horoskop nützt also wenig, wenn wir nicht unsere Fähigkeiten erkennen und uns um ihre Entwicklung bemühen: Die Welt ist voll von begnadeten musikalischen Talenten, die niemals die Ausdauer aufbrachten, ein Instrument richtig spielen zu lernen. Ein Künstler mit eher mäßiger Begabung und dem Willen, seine Möglichkeiten voll auszuschöpfen, kann dagegen bereits Außergewöhnliches erreichen, und der Erfolg ist schier unaufhaltbar, wenn die konsequente Entwicklung unserer Fähigkeiten mit einer besonderen Begabung zusammentreffen.

Wille zur Entwicklung

Dieses Buch möchte Sie dabei unterstützen, sich selbst und Ihre Mitmenschen besser zu verstehen. Wenn wir Verständnis füreinander in Handeln umsetzen, ist es nahezu unvermeidlich, daß wir erfolgreicher und effektiver werden, vor allem aber, daß wir ein zufriedeneres und erfüllteres Leben führen.

Die Tierkreiszeichen und das Horoskop

In der Umgangssprache hat sich der Begriff »Sternzeichen« eingebürgert, wenn eigentlich von Tierkreiszeichen die Rede ist. Es gibt die Sternbilder am Himmel und die Tierkreiszeichen; irgendwann einmal entstand der etwas unglückliche Begriff von den »Sternzeichen«.

»Sternzeichen«

Die Sternbilder, die sich auf der Sonnenbahn befinden und den gleichen Namen wie die Tierkreiszeichen tragen, haben mit letzteren jedoch überhaupt nichts zu tun. Ihre Position verändert sich jedes Jahr ein wenig, und so kommt es, daß die Sonne am 21. März (oder einem beliebigen anderen Datum) an einer völlig anderen Stelle aufgeht, als dies etwa vor 2000 Jahren der Fall war.

Diese Namensgleichheit hatte unglückliche Folgen, werden Sternbilder und Tierkreiszeichen doch heute noch von vielen miteinander verwechselt oder gar gleichgesetzt. Das führt sogar so weit, daß vor allem Astronomen, die gern gegen die Astrologie wettern, behaupten, die Astrologen würden ihre Horoskope falsch berechnen. Diese ständige Verwechslung zeigt unter anderem, wie wenig sich die Gegner der Astrologie mit dem Thema überhaupt beschäftigt haben.

Die meisten Menschen wissen, ob sie ein Stier, ein Krebs oder ein Fisch sind, jeder kennt sein »Sternzeichen«. Wie diese Zuordnung zustande kommt, wissen dagegen nur wenige; dabei ist es einfach, die Grundlagen der Astrologie zu verstehen: Die Erde beschreibt im Laufe eines Jahres einen (näherungsweisen) Kreis um die Sonne. Von der Erde aus gesehen, ist diese auch »Ekliptik« genannte Umlaufbahn jedoch der Weg, den die Sonne innerhalb des Jahres scheinbar am Himmel zurücklegt; das heißt, die Sonne steht nach zirka 365 Tagen wieder an dem Himmelspunkt, von dem aus sie »ihre« Wanderung begann. Unterteilt man die Ekliptik in zwölf gleich große Abschnitte, ergibt sich die Aufgliederung des Tierkreises (Zodiakus) in zwölf Zeichen. Unser »Sternzeichen« ist nun nichts anderes als das Tierkreiszeichen, in dem die Sonne zum Zeitpunkt unserer Geburt stand. Wer beispielsweise ein Löwe ist, bei dem befand sich die Sonne im Zeichen des Löwen (120 bis 150 Grad im Tierkreis), als er zur Welt kam. Allerdings beginnt das astrologische Jahr nicht am 1. Januar, sondern am 21. März, exakt am Frühlingsanfang. Das astrologische Jahr ist übrigens mit dem astronomischen identisch.

Stand der Sonne

Astrologisches Jahr

Der Tierkreis beginnt mit dem Zeichen Widder, deshalb ist jeder, der zwischen dem 20./21. März und dem 19. bis 21. April geboren wurde, Widder. Auf den Widder folgt der Stier, daher dürfen sich alle, die zwischen dem 19. bis

Die Symbole der Tierkreiszeichen

Widder	Stier	Zwillinge	Krebs	Löwe	Jungfrau
♈	♉	♊	♋	♌	♍
Waage	**Skorpion**	**Schütze**	**Steinbock**	**Wassermann**	**Fische**
♎	♏	♐	♑	♒	♓

Sternbilder und Tierkreiszeichen

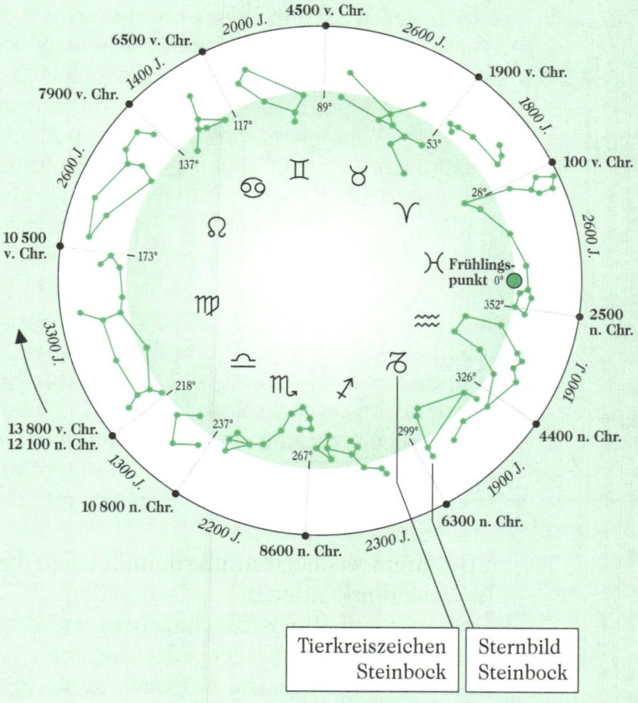

Im Außenkreis sind die *Sternbilder* dargestellt, im Innenkreis die *Tierkreiszeichen*. Außer der Namensgleichheit haben beide nichts miteinander zu tun.

21. April und dem 20. bis 22. Mai geboren wurden, »Stier« nennen – und so fort. Von der Erde aus gesehen, umkreist die Sonne aber nicht

Das geozentrische Weltbild

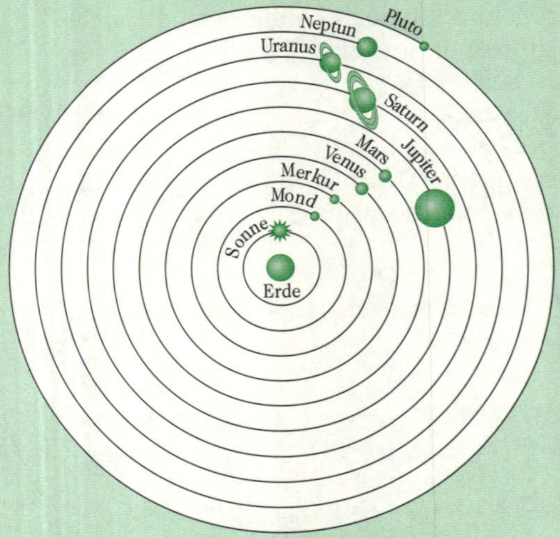

nur einmal im Jahr, sondern auch einmal pro Tag unseren Planeten.

Diese Laufbahn wird ebenso in zwölf verschiedene Abschnitte gegliedert und den Tierkreiszeichen zugeordnet. Man kann diese Vorgänge mit einer Uhr vergleichen. Die eine Umdrehung entspräche dann dem Minuten-, die andere dem Stundenzeiger.

Horoskoperstellung

Will man nun ein Horoskop erstellen, trägt man zunächst das Sonnen-Symbol an der Stelle im Horoskopformular ein, an der das Tierkreiszeichen steht, unter dem man geboren ist, zum Beispiel Waage (siehe Abbildung »Die Sonne in der Waage«).

Für ein Horoskop werden jedoch noch die übrigen Planeten unseres Sonnensystems gebraucht, zu denen in der Astrologie auch der Mond ☽ gehört (siehe die Abbildung »Beispiel für ein Horoskop mit allen Planeten« auf der nächsten Seite).

Mondzeichen

Ebenso wie jeder von uns ein Sonnenzeichen hat, besitzt er auch ein Mondzeichen. Dieses ist für die Deutung der Persönlichkeit mindestens genauso wichtig wie das Zeichen

Die Sonne in der Waage

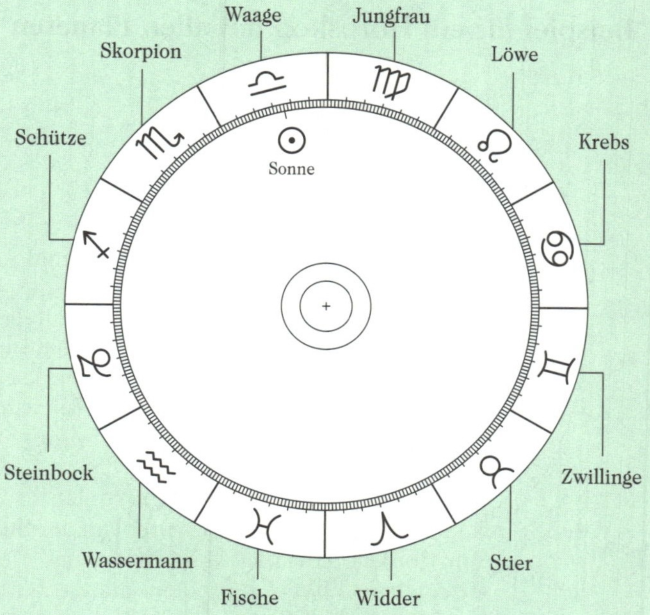

der Sonne. Die Sonnenzeichen sind wahrscheinlich nur deshalb bekannter, weil sie sich ganz leicht über das Geburtsdatum feststellen lassen.

Geburtsjahr

Das ist beim Mond nicht so einfach. Denn hier benötigen wir neben dem Geburtstag noch die Zuordnung zum Geburtsjahr. Da wir für Ihre Charakter- und Schicksalsanalyse jedoch auch das Mondzeichen verwenden wollen, finden Sie im Anhang eine Tabelle, mit der Sie leicht die Zeichenstellung des Mondes zum Zeitpunkt Ihrer Geburt bestimmen können.

Beispiel für ein Horoskop mit allen Planeten

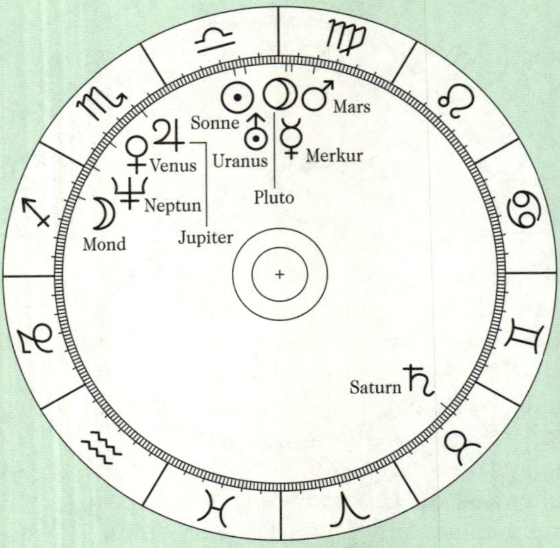

Die Häuser im Horoskop

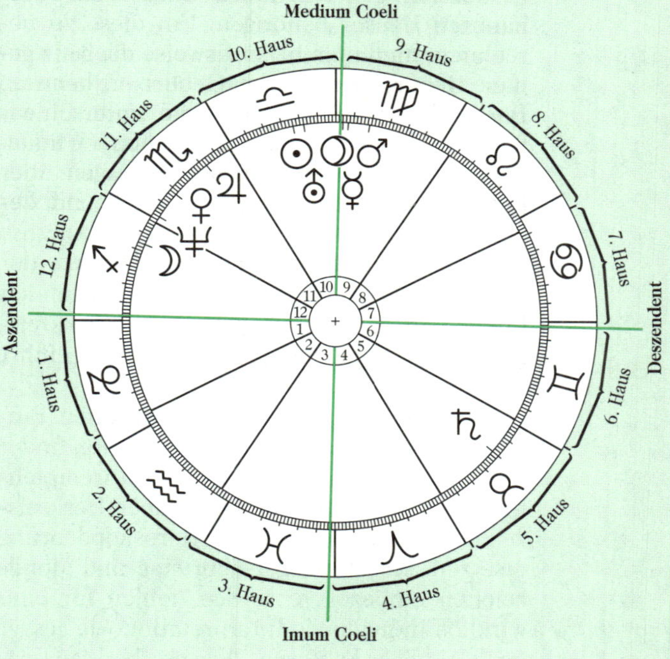

Eine ausschlaggebende Rolle innerhalb des Horoskops spielt der Aszendent. Dieser wird durch das Tierkreiszeichen bestimmt, das im Augenblick der Geburt über den Osthorizont tritt (lateinisch *ascendere* = »aufsteigen«). Dazu müssen Sie wissen, an welchem Ort und zu welcher Zeit Sie geboren sind. Eine Tabelle und eine genaue Anweisung zur Berechnung Ihres Aszendenten finden Sie im Anhang dieses Buches.

Aszendent

Für ein vollständiges Horoskop müßten allerdings noch mehrere andere wichtige Faktoren berücksichtigt werden. Wir würden die sogenannten Häuser benötigen. Um diese zu berechnen, muß man beispielsweise die ganz genaue Geburtszeit und den Geburtsort kennen. Die Verhältnisse, in denen die unterschiedlichen Planeten zueinander stehen (Winkel, Aspekte), lassen erst präzise Aussagen über individuelle Charaktereigenschaften und Lebensumstände zu.

Diese und andere wichtige Themen der Astrologie sollen im Rahmen des vorliegenden Buches, in dem es speziell um ein Tierkreiszeichen geht, jedoch nicht weiter ausgeführt werden.

Individuelle Interpretation

Wer sich mit all diesen interessanten Einzelheiten genauer beschäftigen möchte, findet dazu im Anhang einige Literaturempfehlungen. Ebenso kann ein Buch über Tierkreiszeichen keine persönliche Horoskopdeutung ersetzen. Selbst wenn Geburtstag und Mondzeichen einbezogen werden, fehlen für eine wirklich individuelle Interpretation wie gesagt noch zu viele Faktoren. Wer es aber ganz genau wissen möchte und ein exakt auf sich berechnetes und gedeutetes Horoskop wünscht, kann bei uns hierzu kostenlos und unverbindlich weiteres Informationsmaterial anfordern. Die Adresse finden Sie ebenfalls am Ende dieses Buches.

Doch lassen Sie uns nun erkunden, was einen »typischen Fisch« ausmacht. Beginnen wir damit, uns einmal anzuschauen, welch unterschiedlichen prominenten Menschen dieses Tierkreiszeichen gemeinsam ist.

Die Tierkreiskarte Fische des Malers Johfra

Bekannte Fische-Persönlichkeiten

Douglas Adams, Schriftsteller
Rudi Altig, Radrennfahrer
Karlheinz Böhm, Schauspieler
Luis Buñuel, Regisseur
Franz Burda, Verleger
Edgar Cayce, Sensitiver und Geistheiler
Nat King Cole, Jazzmusiker
Émile Coué, Apotheker
Hedwig Courths-Maler, Schriftstellerin
Jupp Derwall, Fußballtrainer
Albert Einstein, Physiker
Bobby Fischer, Schachspieler
Galileo Galilei, Physiker und Astronom
Hans-Dietrich Genscher, Politiker
Georg Friedrich Händel, Komponist
George Harrison, Popstar
Sven Hedin, Asienforscher
Victor Hugo, Schriftsteller
Karl Jaspers, Philosoph
Edward Kennedy, Politiker
Jerry Lewis, Schauspieler
Josef Mengele, NS-Mediziner
Michelangelo, Maler und Bildhauer
Glenn Miller, Musiker
Anaïs Nin, Schriftstellerin
Rudolf Nurejew, Tänzer und Choreograph
Maurice Ravel, Komponist
Auguste Renoir, Maler
Heinz Rühmann, Schauspieler
Arthur Schopenhauer, Philosoph
Elizabeth Taylor, Schauspielerin
John Updike, Schriftsteller
Hermann van Veen, Liedermacher

Franz Burda

Auguste Renoir

Die Fische – Daten und Symbole

18. oder 19. Februar bis
20. oder 21. März

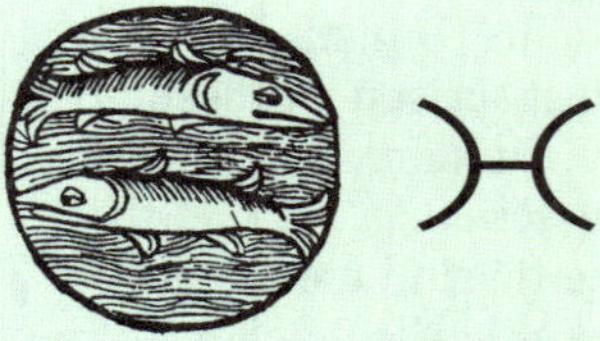

Qualität: weiblich-passiv, Yin
Element: Wasser
3. bewegliches Zeichen
Herrscher: Neptun ♆
Nebenherrscher: Jupiter ♃

Unterschiedliche Anfangstage

Die Fische sind das zwölfte Tierkreiszeichen. Ihr Beginn variiert von Jahr zu Jahr etwas und kann auf den 18. oder 19. Februar fallen. Jeder, der an einem dieser Tage geboren wurde und nicht weiß, ob er noch Wassermann oder schon Fisch ist, kann dies der Tabelle »Von wann bis wann ist man ein Fisch?« im Anhang entnehmen. Ebenso gibt es Überschneidungen am Ende des Zeitraums. In der Tabelle können Sie auch erkennen, ob Sie noch ein Fisch oder schon ein Widder sind. Im Zweifelsfall muß die Uhrzeit der Geburt bekannt sein. Diese ist am Standesamt des Geburtsortes niedergelegt und wird auf schriftliche Anfrage in aller Regel problemlos mitgeteilt.

Das Tierkreiszeichensymbol stellt zwei Fische dar, von denen der eine stromabwärts, der andere stromaufwärts schwimmt. Beide sind miteinander verbunden.

Wasser Die Fische-Zeit ist in der Tat wasserreich: Die Schneeschmelze setzt ein, häufig kommt es zu Hochwasser und Überschwemmungen. Vorfrühlingsnebel, Wetterumschwünge und dazu der feuchte Dunst, der ständig über allen Feldern liegt, lassen in dieser Phase eine uneindeutige, unklare, übergangsmäßige Atmosphäre entstehen.

Gleichzeitig sind die Fische ein Zeichen der Fruchtbarkeit: Alles Leben kommt aus dem Wasser. Die Fruchtbarkeit ist noch nicht »geformt«, sie ist lediglich Potential, so wie die Felder noch kahl sind und man ihnen nicht ansieht, was auf ihnen wachsen wird. Die Fische-Zeit ist der Vorbote des kommenden Vegetationszyklus, ohne jedoch konkret zu versprechen, was er bringen wird.

Die Fische symbolisieren die größtmögliche Entfernung vom Stofflichen und Körperlichen: Der Winter nähert sich seinem Ende, die Vorräte gehen zur Neige oder sind aufgebraucht, und gläubige Christen begehen jetzt die Fastenzeit. Dies entspricht der Auflösung des Vordergründigen, das Fleischliche soll überwunden werden, um den Blick zu öffnen für das, was hinter dem Materiellen verborgen liegt.

So wie die Felder noch ununterscheidbar sind, da sie keine Frucht tragen, so symboli-
All-Einheit sieren die Fische die All-Einheit der Dinge: Die äußere Form ist das Trennende, eine Grenze, die jedoch durch die mystische Schau über-

schritten werden kann. Alle Erscheinungen der materiellen Welt sind miteinander verbunden und lassen sich letztlich auf einen Ursprung zurückführen – das ist die Qualität, die das Fische-Prinzip vermittelt. Die Fische sind die Vollendung und gleichzeitig der »Vor-Anfang« des Tierkreises.

Sie repräsentieren die Möglichkeit zur Erleuchtung, zur Überwindung des Stofflichen, zur Verwirklichung der Wahrheit. Gingen wir den Kreis rückwärts statt vorwärts, so gelangten wir an das, was vor dem Anfang war. Dies ist das »Tohuwabohu«, das ungeordnete Durcheinander, von dem in der Genesis berichtet wird. Ein weiteres Bild hierfür ist der leere Kreis, der die Vorstufe zum Yin-und-Yang-Symbol darstellt.

»Tohuwabohu«

Beim Menschen entspricht dies dem vorgeburtlichen Zustand: Das ungeborene Kind erlebt sich wohl als unbegrenztes Wesen, da es noch keine Individualität kennt, die erst das Empfinden für Trennendes ermöglicht. Dadurch, daß es in einer Fruchtblase schwimmt, welche die gleiche Temperatur wie sein Körper hat, kann es nicht zwischen Ich und Nicht-Ich unterscheiden, es erlebt sich real körperlich als unendlich. Diese Erfahrung des Nichtbegrenztseins, das durch keinerlei Persönlichkeit geformte Empfinden, beschränkt sich beim »normalen« Erwachsenen auf das Unbewußte, es tritt bestenfalls noch in verschwommenen Bildern und Träumen in Erscheinung.

Nichtbegrenztheit

Die dem Fische-Zeichen zuzuordnende Rune ist Thurisaz mit den traditionellen Bedeutungen »Riese, Gott (Thor) und Chaos«.

ᚦ

»Typisch Fisch« – Stärken und Schwächen der Fische-Persönlichkeit

Persönliche Stärken in Stichworten

Die Anonymität schätzend, demütig, einfühlsam, fähig zum Tun ohne Eigeninteresse, feinfühlig, Gerechtigkeitsempfinden im Sinne von Menschlichkeit aufweisend, gläubig, intuitiv, Mensch und Tier liebend, mitfühlend, mitleidig, nicht moralisierend, opferbereit, die engen Schranken des irdischen Daseins überwinden wollend, sehnsüchtig nach Erlösung und nach der alles vereinigenden letzten Wahrheit, sensibel, sich verlierend im Kosmos, sozial empfindend, unbekümmert, vertrauensvoll, voller Ahnungen und Gefühle, weich.

Feinfühligkeit

Persönliche Schwächen in Stichworten

Ängstlich, in Auflösung der Persönlichkeit befindlich, beeinflußbar, chaotisch, durchsetzungsschwach, gefügig, haltlos, sich und anderen Illusionen machend, konturlos, korrupt, kraftlos, kritiklos, leicht verführbar, einen Mangel an Abgrenzung und Ichbewußtsein, an Vitalität und Spannkraft aufweisend, naiv, panisch, passiv, rückgratlos, schlaff, schlampig, schwächlich, seelisch wie betäubt, strukturlos, süchtig, tatenlos, teilnahmslos, unbekümmert, unehrlich, unorganisiert, unschlüssig, wehrlos, willensschwach.

Unschlüssigkeit

Kein Tierkreiszeichen ist von Natur aus so »chamäleonhaft«, wandelbar, geheimnisvoll und undurchschaubar wie die Fische.

Jupiter

Der klassische Herrscher der Fische ist Jupiter, der moderne Neptun. Neptun wurde erst 1846 entdeckt und konnte deswegen nicht früher »seinem« Tierkreiszeichen zugeordnet werden.

Sein Name stammt vom römischen Gott der Meere und der unterirdischen Wasserläufe. Er ist identisch mit dem griechischen Gott Poseidon. Der klassische Archetypus dieses Zeichens ist der des weltabgewandten Mystikers, der voller Verzückung in der Transzendenz lebt, aber mit den irdischen Freuden nur wenig anfangen kann. Nun sind die wenigsten Fische-Menschen ausschließlich weltabgewandt oder mystisch. Doch alle haben sie mehr als andere das Gefühl, daß es hinter unserer Alltagsrealität noch etwas Bedeutsames und Geheimnisvolles geben muß, das der Erforschung mehr als wert ist und unserem Leben letztendlich erst einen Sinn verleiht.

Ein Buch mit sieben Siegeln

Symbol

In manchen Astrologiebüchern ist zu lesen, das Symbol dieses Tierkreiszeichens, die beiden in entgegengesetzter Richtung schwimmenden Fische, bezeichneten die zwei Seelen in der Brust dieser Menschen. Doch das stimmt so nicht. Diese Analogie gehört traditionell zu den Zwillingen. Natürlich gibt es für jedes Tierkreiszeichen typische innere Widersprüche, mit denen es zu kämpfen hat. Die beiden Fische, die in entgegengesetzter Richtung schwimmen, symbolisieren einerseits die weltabgewandte, mystische und spirituelle Seite dieses Tierkreiszeichens, andererseits seine weltzugewandte Sinnenfreude. Über beides verfügen die Fische reichlich, und es macht sie zu so vielschichtigen Persönlichkeiten, daß sie oft sogar Schwierigkeiten haben, sich selbst zu verstehen. So sollte sich keiner Sorgen darüber machen, wenn ihm ein Fische-Mensch, den er mag, selbst nach Jahren in etlichen Punkten noch ein Buch mit sieben Siegeln ist.

Vielschichtigkeit

Viele Fische, besonders die, die zum Mystizismus neigen, sind sich in besonderem Maße bewußt, daß sie eine Art Mischwesen zwischen dem Animalischen und dem Göttlichen darstellen, so wie dies ja letztlich dem Menschen an sich zu eigen ist. Das muß zu Problemen führen. Das rein Animalische, also die hemmungslose Körperlichkeit, ist für sie genauso faszinierend wie das vergeistigte Bewußtsein, das sich den höchsten Zielen weiht. Die wenigsten Fische können sich auf Dauer für eines der beiden Extreme entscheiden, und so neigen sie dazu, beständig zwischen ihnen hin und her zu pendeln. Dementsprechend stark sind die Schwankungen, denen ihre Ansichten und Verhaltensmuster ausgesetzt sind. Nicht gerade leichter wird die Sache durch die Tatsache, daß sie das eine in dem Moment attraktiv finden, wo sie das andere tun. So ist es nichts Ungewöhnliches, daß ein Fisch, der in einer glücklichen Bezie-

»Dort, wo du nicht bist, dort ist das Glück.«

(FRANZ SCHUBERT)

hung lebt, davon träumt, sich als weltabgewandter Mönch ganz der Spiritualität widmen zu können. Dafür wird ein Fisch, der sich von der äußeren Welt zurückzieht, sich insgeheim nach der Wärme und Befriedigung einer harmonischen Partnerschaft sehnen.

Letztlich können sie es sich selbst niemals recht machen, und dementsprechend kann es auch kein anderer. Ihr konsequentes Lebensgefühl ist das der Sehnsucht, lediglich die Themen und Dinge, nach denen sie sich sehnen, wechseln; das Grundgefühl allerdings bleibt und richtet sich, sollte es tatsächlich einmal gestillt werden, einfach auf ein neues Thema. Kein Wunder, wenn von den Fischen behauptet wird, sie wären ein wenig konfus. Oft lieben sie Systematik, Logik und Konsequenz sehr, ohne dieses jedoch ausleben zu können. In der Regel sind sie viel zu kreativ, um ohne Chaos leben zu können.

Sehnsucht

Fische sind maßlos. Das ist durchaus wörtlich zu nehmen: Sie leben ohne wirkliches Maß. Wenn ihnen etwas schmeckt, können sie essen, bis ihnen übel wird; wenn ihnen einmal wirklich nach Feiern ist, werden sie immer noch in Stimmung sein, wenn der Rest der Gäste längst schlafen gegangen ist; wenn ihnen der Wein zusagt, werden sie es als eine Sünde ansehen, eine halbvolle Flasche stehenzulassen. Und wenn bei ihnen einmal das erotisch-sexuelle Feuer angefacht wurde, sollten ihre Partner über sehr viel Kondition verfügen.

Maßlosigkeit

Sie wissen einfach nicht, wann sie genug haben. Das hat nichts mit mangelnder Selbstdisziplin zu tun, denn wenn ein Fisch sich ein-

> »Ich komme nicht dahinter, wo ich aufhöre und die anderen beginnen.«
>
> (GEORG McCABEE)

mal entschlossen hat, asketisch zu leben, wird er dies mit der gleichen Intensität und Willensstärke tun, mit der er sich in den Genuß stürzt. Nein, den Neptun-Menschen fehlt einfach die Fähigkeit, Grenzen zu erkennen und zu akzeptieren. Wenn etwas gut ist, kann man sich gar nicht heftig und intensiv genug damit beschäftigen; und wenn etwas eher schlecht ist, kann der Bogen, den man darum macht, nicht weit genug sein, so denken sie.

Tagträumereien

Viel Unsinn wurde schon über die Haltlosigkeit der Fische-Geborenen geschrieben. Besonders gern wird auf ihren angeblichen Hang zu Drogen und Alkohol hingewiesen. Wie bei allen anderen Tierkreiszeichen, so gibt es natürlich leider auch hier Menschen, die zu diversen Süchten neigen, doch das ist keine typische Fische-Eigenschaft. Im Gegenteil: Ihre Phantasie und ihr Hang zu Tagträumereien sind so ausgeprägt, daß sie künstlicher Stimulanzien kaum bedürfen. Allerdings kommt gelegentlich ein Hang zum Medikamentenmißbrauch vor. Denn viele Neptuniker sind auch Hypochonder, die alle fünf Minuten glauben, an einer lebensbedrohlichen Krankheit zu leiden, der sie mit ihrer gutbestückten Hausapotheke zu Leibe rücken. Doch auch das bewegt sich normalerweise im unkritischen Bereich.

Fische haben große Schwierigkeiten mit der Wirklichkeit. Das heißt mit der »normalen« Wirklichkeit, in der die anderen Zeichen zu leben scheinen. Genaugenommen haben aber nicht sie die Schwierigkeiten, sondern ihre Mitmenschen, die sich beim Versuch, ihre Handlungen zu verstehen, regelmäßig überfordert fühlen.

Wer eher zuverlässige Menschen schätzt, die meinen, was sie sagen, sogar noch nächste und übernächste Woche dazu stehen, ihr Wort niemals vergessen und sich eisern daran halten, läßt von den Fischen besser die Finger.

Unbeständigkeit

Schließlich ist alles im Fluß, und in ihrer Welt ist sowieso das einzig Beständige der Wechsel. Ein Fisch kann aus dem Zimmer gehen mit der Bemerkung, er sei in einer Minute wieder da. Nach zwei Stunden ist er vielleicht immer noch nicht zurück, weil er sich in einer Zeitung festgelesen hat oder eifrig telefoniert. Die Zusage, gleich wieder dazusein, hat er völlig vergessen. Das ist bei Fischen durchaus nichts Ungewöhnliches.

Manche behaupten, die Fische seien dazu bestimmt, entweder zu dienen oder zu leiden – oder gar beides. Das ist mit Sicherheit Unsinn. Fische sind auf der Welt, um herauszufinden, welcher tiefere Sinn hinter der mehr oder weniger glatten Oberfläche unserer Existenz steckt. Sie sind vielleicht nicht die absoluten Experten darin, festzustellen, »was« auf diesem Planten vor sich geht, aber sie sind gefordert, herauszufinden, »warum« die Dinge so geschehen, wie sie dies nun einmal tun.

Sensitivität

Ihre Sensitivität läßt die Persönlichkeit der Menschen, die ihnen etwas bedeuten, auf sie abfärben. Das mag mancher als Form der Unterordnung mißverstehen. In Wirklichkeit ist es ihre Art, Sympathie und Mitgefühl zu zeigen. Wer sich etwas auf seinen Einfluß, den er auf einen Fische-Menschen zu haben meint, einbildet, sollte einen Moment lang daran denken, daß sich ein Fisch von jedem beeinflussen läßt, den er mag. Nicht weil er willenlos ist und nicht anders kann, sondern weil dies seine Form des Mitempfindens und Sich-heimisch-Fühlens ist. Fische können jederzeit frei darüber bestimmen, von wem sie sich in welchem Umfang beeinflussen lassen wollen. Und sie können an dieser Situation, wann immer sie wollen, nach Belieben etwas ändern. So gesehen sind sie das flexibelste und unabhängigste Zeichen des ganzen Tierkreises.

Mitgefühl

Alles ist relativ

Manchmal werden die Fische-Menschen als konturlos erlebt, weil bei ihnen gerade in Krisenzeiten Passivität, Trägheit und Unentschlossenheit eine ungute Allianz eingehen, die entscheidungsfreudigere Zeichen an den Rand der Verzweiflung treiben kann. Neptun-Menschen lieben es nicht, sich rasch festzulegen, unter Druck sind sie erst recht nicht gewillt und auch nicht mehr fähig, eine schnelle Entscheidung zu fällen. Ein klarer Entschluß würde bedeuten, eine Wahlmöglichkeit zugunsten einer anderen aufzugeben. Was aber, wenn die Entscheidung ein Fehler war? Oder wie wäre es, einen Kompromiß zwischen den verschiedenen Chancen zu finden? Müssen sie sich denn wirklich festlegen, oder gibt es nicht doch noch eine andere Möglichkeit? In dieser Hinsicht sind sie dem sonst so verschiedenen Waage-Zeichen ähnlich. Beiden kann nichts Besseres passieren, als daß sie einen entschei-

Entschlußlosigkeit

dungsfreudigen und -fähigen Partner haben, der ihnen das lästige Problem abnimmt, immer eine eindeutige Meinung haben zu müssen. Wie schon der wohl berühmteste der Fische, Albert Einstein, feststellte: Alles ist relativ. Wie soll man sich da noch bedingungslos festlegen?

Illusion

Etwas im Wesen der Fische weiß, daß alles nur Maya, nur Illusion ist. Die Welt, wie wir sie erleben, existiert so überhaupt nicht. Wir nehmen heute Dinge wichtig und riskieren womöglich unser Leben dafür, die uns morgen vielleicht schon völlig gleichgültig sind. Wer in diesem Tierkreiszeichen geboren ist, muß mit dem Dilemma zurechtkommen, dies intuitiv verstanden zu haben und sich trotzdem um seinen Job, seine Kinder, seinen Partner und seine Freunde zu kümmern. Es ist wahrlich nicht einfach, sich zu motivieren, wenn man um die Relativität all dieser Dinge weiß. Dafür können die Widrigkeiten des Lebens oft mit ein wenig mehr Gelassenheit hingenommen werden.

Mystik

Die Fische sind das Zeichen der Mystik. Viele Fische sind gläubig, ohne dabei unbedingt an eine Konfession gebunden zu sein. Sie sehnen sich nach einer anderen, besseren und vollkommeneren Wirklichkeit, nach Transzendenz. Da Fische instinktiv ihre Wahrnehmung auf das ausrichten, was »hinter den Dingen« steckt, ist es schwer, sie zu betrügen. Zumindest, wenn sie selbst die Absicht haben, es zu verhindern. Oft sind ihnen alltägliche Dinge einigermaßen gleichgültig, und so kann es leicht passieren, daß sie etwa ein Kellner mit dem Wechselgeld übers Ohr haut. Doch das liegt nur daran, daß sie weder der Kellner noch das Wechselgeld besonders interessiert hat. Doch wenn ihnen etwas ihre Aufmerksamkeit wert ist, gelingt es kaum jemandem, sie zu hintergehen. Wie die anderen Wasserzeichen auch, sind sie in der Welt der Gefühle zu Hause. Sie riechen regelrecht, wenn etwas nicht stimmt. Oft genug nehmen sie es sogar wahr, wenn sich ihr Gegenüber selbst etwas vormacht.

Gefühle

Mitgefühl und überpersönliche, gar altruistische Liebe sind besondere Fische-Tugenden. Diese Menschen können in allen spirituellen Disziplinen, besonders aber in der Meditation und im Yoga, viel erreichen. Ihr Charme und ihre Gutmütigkeit nehmen oft beeindruckende Ausmaße an. Sie sind von Natur aus mitfühlend, klug, manchmal auch weise und einsichtig. Sie können andere heilen, weil sie selbst gelernt haben, ihre Verletzungen zu überwinden, und weil ihnen nichts Menschliches fremd ist. Viele herausragende Ärzte, im besonderen Narkoseärzte, haben die Sonne im Tierkreiszeichen Fische.

»Man sieht nur mit dem Herzen gut; das Wesentliche ist für das Auge unsichtbar.«

(ANTOINE DE SAINT-EXUPÉRY)

Auch in der Psychologie können Fische Herausragendes leisten, schließlich sind ihnen das Unbewußte, unsere Träume und versteckten Motive so vertraut wie anderen ihr Morgenmantel. Mit den preußischen Sekundärtugenden wie Pünktlichkeit, Ordnung, Zuverlässigkeit und Pflichtgefühl tun sie sich dagegen oft schwer, das ist wirklich nicht ihre Welt, obwohl Fische Meister der Tarnung sind und manchmal so lange überzeugend den pedantischen Prinzipienreiter spielen, daß sie schließlich selbst daran glauben. Das ist jedoch wirklich die große Ausnahme.

Fast alle Vorschriften sind Fischen fremd oder sogar gleichgültig, sie nehmen sie noch nicht einmal wirklich wahr. Um offen zu sein: Die meisten von ihnen scheinen bis heute nicht richtig verstanden zu haben, was Vorschriften in Wahrheit sind und welchen Zweck sie erfüllen. *Freiheit* Eine Welt, in der wir alle in Freiheit leben könnten, fänden sie viel schöner. Solange ihnen niemand mit Vorsatz Steine in den Weg legt, sind sie entschieden für ein menschenfreundliches Laisser-faire – leben und leben lassen.

Die Beleidigungen und Vorwürfe anderer Leute berühren Fische nur selten wirklich tief, auch hier sind sie meist viel zu sehr in ihren Gedanken versunken, um solche Angriffe auch nur angemessen wahrzunehmen. Wenn sie einmal wirklich zutiefst verärgert sind, können sie cholerische Anfälle bekommen und Schimpfkanonaden von sich geben, die man ihnen niemals zugetraut hätte. Normalerweise werden sie nicht ernsthaft wütend, ist dies jedoch einmal der Fall, kann es sehr lange dauern, bis sich die Wogen wieder glätten. Leider ist eben auch die Geschichte von dem allzeit ausgeglichenen Fische-Temperament nur eine schöne Mär.

Wenn das Leben oder andere Menschen ihnen übel mitspielen und alles schiefgeht, was nur schiefgehen kann, neigen die Fische dazu, in ihre gutmöblierte Traumwelt zu ent- *Flucht* fliehen. Oft vergessen sie ihre Sorgen dabei so erfolgreich, daß sie es gleichzeitig auch versäumen, sich um die Lösung ihrer Probleme zu kümmern. Doch das ist alles meistens halb so wild. Kein Tierkreiszeichen weiß so gut wie der Fisch, daß sich alle Schwierigkeiten letztlich von selbst erledigen, das ist alles nur eine Frage der Zeit.

Künstlerisches Potential

Alle Fische besitzen ein ganz ungewöhnliches künstlerisches Potential, und sie können sich wegen ihres seelischen Gleichgewichts keinen größeren Gefallen tun, als es nach Kräften zu fördern und zu entwickeln. Wußten Sie, daß sogar Einstein Geige spielte, und zwar, wie seine Biographen versichern, noch nicht einmal schlecht? Die richtige, aktive Beschäftigung mit Kunst und Kreativität hilft Fischen, eine Brücke zwischen ihrem überbordenden Seelenleben und der langweiligen, tristen, aber doch notwendigen Alltagsrealität zu schlagen. Gleich ob Musik, Malerei, Dichtung, das Anfertigen von Plastiken oder die Beschäftigung mit Schauspielerei – all dies sind Möglichkeiten, sich besser zu verstehen und sich anderen verständlich zu machen, wo einfache Worte nicht ausreichen. Die Realität wird »elastischer«, und die großen Widersprüche in der Fische-Persönlichkeit werden abgemildert und leichter erträglich. Allerdings ist die Kunst gerade in unserem Kulturkreis leider immer mit dem Bild des grandiosen Scheiterns verknüpft: Ein begnadeter Künstler muß hungern, und bestenfalls die Nachwelt kann die Qualität seines Œuvres ermessen. Wer zu Lebzeiten schon Erfolg hat, ist kommerziell und hat bewiesen, daß seine Arbeit nichts taugt. Leider kommt dieser unsinnige

Widersprüche

Denkansatz dem Fische-Naturell sehr stark entgegen, befreit es den Fisch doch von jeglichem Leistungsdruck. Schließlich kann ihn sowieso niemand verstehen, und damit ist er natürlich auch über jede Kritik erhaben.

Das unverstandene Genie, das in recht vielen dieser Fische steckt, hat nicht das Problem mangelnder Begabung. Dem Fisch fehlt es an praktischem, alltäglichem Realitätssinn. Mit seiner reichen, kreativen Phantasie läuft er oft sinnlos und verbittert gegen die triviale Welt der nüchternen Tatsachen an. Seine Ideen sind manchmal nur Luftschlösser, manchmal auch wirklich brillant, aber es fehlt ihm an der Beharrlichkeit, an Disziplin und an Achtung für harte Arbeit und solide Technik. Weniger Begabung und etwas mehr Fleiß, Ausdauer und Konsequenz – und der Erfolg wäre ihm sicher.

Das Fische-Kind

Fische-Kinder wissen schon vor der Geburt, was sie auf diesem Planeten erwartet, und es gefällt ihnen nicht. Das kann man zum Beispiel leicht daran erkennen, daß die Neptun-Geborenen sich oft sehr viel mehr Zeit lassen, auf die Welt zu kommen, als nach dem Kalender zu erwarten wäre. Fische sind selten pünktlich, und das fängt offensichtlich schon mit ihrer Geburt an. Hier haben sie allerdings eine sehr gute Entschuldigung. Wenn man erst einmal auf der Welt ist, läßt sich das unter keinen Umständen mehr rückgängig machen, in Mamas Bauch führt schließlich kein Weg zurück.

Unpünktlichkeit

Bei der Geburt selbst kommt es häufiger zu kleineren Komplikationen als bei den anderen Tierkreiszeichen, doch das wird kein ernsthafter Grund zur Sorge sein. In den meisten Fällen ist es allerdings keine gute Idee, auf Narkose und schmerzstillende Mittel zu verzichten, denn die Niederkunft kann sich recht lange hinziehen und sich schmerzhaft gestalten. Sie sollten dem Fische-Nachwuchs das nicht übelnehmen, es ist sein letzter Widerstand gegen das Unvermeidliche.

Mehr noch als andere Kinder leben kleine Fische in einer Phantasie- und Märchenwelt. Lange Zeit werden sie nicht genug davon bekommen können, so viele wundersame Märchen und Sagen zu hören wie nur möglich. Das Treiben der merkwürdigsten Riesen, Gnome und Trolle wird ihnen normaler und natürlicher vorkommen als das übliche Verhalten der Erwachsenen. An dieser Ansicht wird sich im Laufe ihres Lebens wenig ändern, sie werden nur nicht mehr so oft daran denken und ihre Ansicht nicht laut äußern.

Phantasiewelt

Man kann nichts Klügeres tun, als die unverbrauchte Phantasie dieser Kinder zu fördern. Schnell werden sie lernen, sich selbst Geschichten auszudenken und aufzuschreiben. Je mehr man sie dazu ermutigt, sich in ihrer Traumwelt auszuleben, um so weniger muß man mit dem anfangs lustigen, später immer schwieriger werdenden Thema fertig werden, daß Neptuniker grundsätzlich ein Problem damit haben, Wunschdenken, Phantasie und Wirklichkeit auseinanderzuhalten. Vielleicht erinnern Sie sich ja an einen besonders heftigen Traum aus Ihrer Kindheit, der so intensiv war, daß Sie sich nach dem Aufwachen für eine Weile nicht sicher waren, ob Sie tatsächlich nur geträumt haben. Für Fische-Kinder ist das ein alltägliches Problem. Sie brauchen nur an etwas zu denken, und schon können sie in ihrer Erinnerung nicht mehr auseinanderhalten, ob sie sich das Ganze nur ausgedacht haben oder ob es tatsächlich so geschehen ist. Wenn sie für ihre blühende, kreative Phantasie einen Kanal gefunden haben, fällt es ihnen leichter, diese beiden Welten zu trennen. Das kann neben Schreiben und Geschichtenerzählen zum Beispiel auch das Theaterspielen sein. Das schauspielerische Talent eines Fische-Kindes kann gar nicht früh genug gefördert und entwickelt werden.

»... denn flüchtiger Traum ist Menschenleben, und selbst die Träume sind ein Traum!«

(PEDRO CALDERÓN DE LA BARCA)

Gibt es kein Ventil für ihr überreiches Seelenleben, wird man Fische-Kindern immer wieder Lügen vorwerfen, wo sie doch nur Dinge verwechselt haben. Darunter leiden sie sehr, denn sie sind sehr sensibel und besitzen ein ausgeprägtes Gerechtigkeitsempfinden.

Verletzbarkeit

Nichts verletzt sie mehr, als wenn die eigenen Eltern ihnen nicht glauben. Sofern man sie wiederholt als Lügner abstempelt, kann es durchaus passieren, daß sie aus Trotz beschließen, den elterlichen Vorstellungen zu entsprechen. Sie werden dann zu solchen Experten im Flunkern, daß man ihren Lügen eher glaubt, als wenn sie die Wahrheit sagen. Es ist sicherlich eine gute Idee, alles zu tun, um eine solche Entwicklung zu verhindern.

Beachtung

Das Fische-Kind braucht viel Beachtung und Anerkennung. Es muß bemerkt und ermutigt werden, damit es sich und seinen Fähigkeiten vertrauen lernt.

Die Fische-Frau

Als die Märchen erfunden wurden und mit ihnen die schöne, liebreizende Prinzessin aus dem Schloß, die sehnsüchtig auf den Prinzen wartet, der sie retten, verehren und beschützen wird, hat man ganz offensichtlich die Fische-Frau als Vorlage gewählt. Etwas an ihrem Wesen ist auf jeden Fall nicht von dieser nüchternen Alltagswelt, die sie oft ängstigt und von der sie sich nur allzu schnell überfordert fühlt. Der echten Fische-Frau ist ein schöner Traum allemal lieber als die häßliche Wirklichkeit. Sie hat keine Lust, ständig groß, erwachsen und selbständig sein zu müssen.

Ritterlichkeit

Sie möchte geliebt und bewundert werden, und sie schätzt Ritterlichkeit sehr. Sie hat die einmalige Fähigkeit, einem Mann das Gefühl zu geben, ein echter Kerl zu sein, weil sie so oft und inbrünstig nach Schutz, Liebe und Zärtlichkeit verlangt. Eine echte Fische-Frau hat kein Problem damit, vom Mann ihres Lebens jeden Tag ein Dutzend Liebeserklärungen zu bekommen. Sie wird sich dabei bestimmt nicht langweilen, denn von Selbstbestätigung und Romantik bekommt sie nie genug. Es stört sie auch nicht, wenn er für beide das Geld verdient, während sie zu ihren Yogastunden und in die Selbsterfahrungsgruppe geht.

Romantik

Fische-Frauen sind meist davon überzeugt, sie seien hoffnungslos ungeeignet für die heftigen Kämpfe und den leidenschaftlichen Ehrgeiz, die zum Überleben erforderlich sind; deswegen setzen manchmal tiefe Depressionen und Selbstzweifel ein. Sie brauchen keinen beruflichen Erfolg, um ihr Selbstwertgefühl aufzubauen, sondern Verständnis und seelischen Zuspruch. Sie möchten spüren, daß sie geliebt und gebraucht werden. Es ist nur selten ihr Ehrgeiz, selbst Karriere zu machen, solange ihr Partner genug Geld nach Hause bringt. Sie haben nichts dagegen, wenn er sich dabei wie der Größte vorkommt und sie für ein liebenswertes, kleines Dummchen hält. Sie betrachten es ja auch als ein Zeichen angenehmer männlicher Dummheit, sich aus lauter Geltungsdrang und Prahlsucht für eine Karriere abzuschuften.

Anhänglichkeit

Manche Männer glauben, die Anhänglichkeit einer Neptun-Frau benutzen zu können, um sie sich ihren Wünschen entsprechend zurechtzubiegen. Doch denken Sie daran: Die Fische-Frau war die Vorlage für die Märchenprinzessin, und diese wird sich niemals mit der Rolle eines willenlosen Anhängsels zufriedengeben, sosehr sie ihren Traumprinzen auch lieben mag. Sie wird ihn immer bewundern – unter der Voraussetzung allerdings, daß er sie auf Händen trägt. Viele Fische-Frauen verfügen über reichlich Hingabefähigkeit, Sanftmut und Einfühlungsvermögen. Man kann keinen größeren Fehler machen, denn diese Eigenschaften als Schwäche auszulegen.

Hingabefähigkeit

Die Fische-Frau liebt es im allgemeinen nicht zu widersprechen, und Streitereien sind ihr ein Greuel. Es fällt ihr schwer, nein zu sagen, schon allein aus Sorge, ihr Gegenüber zu verletzen. Aber sie kann jederzeit in Deckung gehen. Wenn ihr eine Situation zu anstrengend wird, verschwindet sie einfach. Das kann im wörtlichen oder übertragenen Sinne geschehen. Eine Neptun-Frau wird immer einen Weg finden, nicht das tun zu müssen, worauf sie keine Lust hat.

»Ich werde mich dir sicherlich entziehen. Siehst du, schon bin ich dir entkommen.«

(WALT WHITMAN)

Schlimmstenfalls müssen ein Kreislaufkollaps, eine Ohnmacht oder gar ein Nervenzusammenbruch herhalten. Oft bewahrt sie auch einfach ihre Vergeßlichkeit davor, Termine einzuhalten, die sie sowieso nur als lästige Pflicht empfunden hat. Niemand beherrscht so sehr wie eine Fische-Frau die Kunst, im richtigen Moment ein schlechtes Gedächtnis zu haben. Wer ihr Herz gewinnen möchte und schon dreimal bei der Verabredung zum gemeinsamen Essengehen versetzt wurde, sollte verstehen, daß dies ihre Art ist, behutsam mitzuteilen, daß sie nicht interessiert ist. Solange man ihr nichts getan hat, liegt ihr sehr viel daran, andere nicht bloßzustellen und sie nicht das Gesicht verlieren zu lassen. Daß sie mit ihrer Rücksichtnahme andere manchmal mehr verletzt, als wenn sie ihnen die Wahrheit unverblümt ins Gesicht sagen würde, muß sie erst lernen. Es dauert

Rücksicht

eine Weile, bis sie versteht, daß sie jemanden mehr kränken kann, wenn sie zuläßt, daß er sich lange Zeit vergebliche Hoffnungen macht, als wenn sie ihm ohne Umschweife reinen Wein einschenkt.

Doch auch wenn sie diese Lektion einmal begriffen hat: Sie ist schließlich nicht verantwortlich für die Phantasien, die andere in bezug auf sie haben. Es ist nicht ihr Job, alle liebeskranken Männer aus ihrem Wolkenkuckucksheim zu holen. Und sie ist auch nicht auf der Welt, um die Männer in Watte zu packen und vor der bösen Welt zu beschützen. Das erwartet sie vielmehr von ihnen, zumindest jedoch von ihrem Partner.

Der Fische-Mann

Gefühlsleben

Die Fische gehören zu den sogenannten weiblichen Zeichen. Dies zeigt sich unter anderem in ihrer Gefühlsintensität, ihrer Phantasie und Empfindsamkeit sowie ihrem Mitgefühl. Fische-Männer haben jedoch oft auch eine ausgesprochen virile Seite. Diese aparte Mischung ist nicht unbedingt einfach zu leben, was weniger an den Fische-Männern als an unseren sozialen und kulturellen Gepflogenheiten liegt. Sie sind gefühlvoller, als für eine steile Ellenbogenkarriere gut ist, und sie werden viel Energie verbrauchen, um sich härter und rücksichtsloser darzustellen, als sie es sind.

Verwundbarkeit

Wenn aber ein Fische-Mann den Mut hat, die eigene Verwundbarkeit anzuerkennen, und sieht, daß sie sehr gut neben seiner Männlichkeit existieren kann, entwickelt er ungewöhnliche Stärken. Dieser Typus entspricht der männlichen Hauptfigur vieler Bücher und Filme, dem Antihelden oder *beautiful loser.* In gewisser Hinsicht ist es im Leben genauso wie im Film: Wenn zwei Männer sich um eine Frau prügeln, wird sich die Dame wohl in den seltensten Fällen für den stärkeren entscheiden. Die meisten Frauen mögen keine Gewalt, und ihre Sympathie und ihr Mitgefühl gelten eher dem verletzten Verlierer. Fische-Männer wissen das genau. Dieses Zeichen steht dem Idealbild des modernen Mannes näher als jedes andere, weil es eine so eigentümliche Verbindung männlicher und weiblicher Persönlichkeitszüge darstellt. Fische-Männer, die das für sich zu nutzen wissen, verfügen über ein ungewöhnliches Charisma.

Antiheld

Für eine moderne, gleichberechtigte Beziehung ist der entwickelte Fische-Mann geeigneter als andere. Er hält nichts von klassischen Herrschaftsstrukturen und Machtspielchen. Im Beruf wird ihm das vielleicht gelegentlich Schwierigkeiten bereiten, im Privatleben schätzt man ihn für diesen Charakterzug um so mehr. Da er selbst so gefühlsbetont ist, besitzt er fast immer ein ausgeprägtes Einfühlungsvermögen. Der Fische-Mann kann die Frauen besser verstehen als jedes andere Tierkreiszeichen, nur der Krebs-Mann kann hier mit ihm gleichziehen.

»Ob die Weiber so viel Vernunft haben als die Männer, mag ich nicht entscheiden, aber sie haben ganz gewiß nicht so viel Unvernunft.«

(JOHANN GOTTFRIED SEUME)

Verständnis

Sein tiefes Verständnis der menschlichen Natur verbietet ihm, in einer Frau nur die Geliebte oder das Sexobjekt zu sehen. Ihn interessiert der ganze Mensch, diese Form der Aufmerksamkeit bringt er anderen, unabhängig von ihrem Geschlecht, entgegen, und er erwartet, daß man ihn auf die gleiche Weise respektiert. Das heißt nicht, daß er ein Heiliger wäre und sinnliche Genüsse nicht zu schätzen wüßte. Er mag es, wenn seine Partnerin Wert auf ihr Äußeres legt und sich auch einmal verführerisch zurechtmacht. Der Fische-Mann bewundert die weibliche Schönheit. Besonders gern betrachtet er hübsche Beine, vielleicht weil sie ihn in archetypischer Weise an den meistbewegten Körperteil seines Zeichens erinnern: die Flossen.

Sinnlichkeit

Männer, die sich in die weibliche Psyche einfühlen können, sind ausgesprochen begehrt. Kaum eine Frau wird die seltene Chance auf einen Partner, der sie ausnahmsweise einmal versteht, gedankenlos in den Wind schlagen.

Alle, die mühselig und beladen sind, suchen die Nähe des Fische-Manns, weil er so gut zuhören kann. Es ist nicht so, daß ihm das besondere Freude machen würde, schließlich hat er genug eigene Sorgen, und er bemüht sich darum, anderen nicht damit auf den Wecker zu gehen, aber er ist höflich und mitfühlend. Und es fällt ihm ausgesprochen schwer, jemanden zurückzuweisen, der Hilfe sucht und ihm vertraut. Die meisten Menschen drängen sich dem Fische-Mann gar nicht absichtlich auf. Es ist ihnen einfach nicht bewußt, daß diese sensiblen Neptuniker alle Stimmungen in ihrer Umgebung aufsaugen wie ein Schwamm. Abgrenzungsfähigkeit ist nicht unbedingt ihre stärkste Seite. Dadurch, daß sie sich ständig seelisch überfordern, brauchen sie öfter als andere Ruhepausen und die Möglichkeit zum Rückzug.

Abgrenzungsprobleme

Die Bedeutung des Geburtstages

Das folgende Kapitel behandelt die einzelnen Geburtstage, die in Gruppen von jeweils drei Tagen zusammengefaßt sind. Dies erlaubt eine wesentlich persönlichere Deutung, als es über das Tierkreiszeichen allein möglich wäre. Wenn Sie die Aussagen zu den jeweiligen Geburtstagen mit dem, was Sie über das Tierkreiszeichen Fische gelesen haben, kombinieren, werden Sie die Fische-Persönlichkeit mit Sicherheit noch besser getroffen finden.

Ergänzender Hinweis: Die in den Geburtstagsgruppen gemachten Aussagen leiten sich von den sogenannten »Kritischen Graden« ab. Diese kommen in unterschiedlicher Häufigkeit über den gesamten Tierkreis verteilt vor. Wenn Sie also – etwa beim gründlichen Vergleich verschiedener Bände aus dieser Reihe – zu unterschiedlichen Daten den gleichen Text vorfinden sollten, ist dies kein Fehler, sondern Absicht. Bei diesen Menschen stand die Sonne zum Zeitpunkt der Geburt eben auf dem gleichen »Kritischen Grad«.

18. bis 20.2. (29 Grad Wassermann bis 1 Grad Fische)

Umtriebiges Temperament

Diese Konstellation deutet allgemein auf ein umtriebiges Temperament hin. Man hat meist kein rechtes »Sitzfleisch«, muß ständig in Bewegung sein und reagiert nervös, wenn man einmal zur Ruhe verurteilt ist.

Der Handlungs- und Aktionsdrang ist so groß, daß fast immer mehrere Projekte gleichzeitig angegangen werden. Im Berufsleben ist das genauso der Fall wie im Privatbereich. Freilich ist damit noch nicht gesagt, daß Angefangenes auch zu Ende geführt wird. In der Regel trifft eher das Gegenteil zu, zuviel wird begonnen, und zu gering sind Ausdauer und Geduld ausgeprägt. Stören wird das diese Menschen kaum, sie brauchen all ihre Energie, um die Folgen, die sich aus gelungenen Projekten ergeben, zu bewältigen.

Redseligkeit

Oft haben Sie ein gesteigertes Mitteilungsbedürfnis bis hin zur Redseligkeit, und immer wieder finden sich besondere intellektuelle Fähigkeiten und eine robuste Konstitution.

Diese Konstellation läßt Männer vielfach bis ins höhere Alter jugendlich wirken, während sie bei Frauen des öfteren auf Beziehungen zu einem jüngeren Partner hindeutet. Besondere schauspielerische Neigungen und Fähigkeiten kommen überdurchschnittlich oft vor. Außergewöhnliches Verhandlungsgeschick und Geschäftssinn sind in vielen Fällen vorhanden.

21. bis 23.2. (2 bis 4 Grad Fische)

Empfindsamkeit

Wer an einem dieser Tage geboren wurde, ist oft eine besonders empfindsame Persönlichkeit. Häufig handelt es sich um Menschen mit besonderen künstlerischen, aber auch esoterischen Fähigkeiten. Da ihnen direkte Auseinandersetzungen nicht sonderlich liegen, besitzen sie die Fähigkeit, ihre Umgebung durch ihr eigenes Verhalten unmerklich in ihrem Sinne zu beeinflussen.

Instabiles Nervensystem

Meist verfügen sie über ein wenig stabiles Nervensystem. Das zeigt sich häufig in Form von Wetterfühligkeit, erhöhter Infektionsneigung oder Unverträglichkeit von Medikamenten. In manchen Fällen haben diese Menschen Schwierigkeiten, sich mit dem praktischen Alltag abzufinden. Mehr oder weniger deutlich sind sie beständig von dem Empfinden beseelt, daß dies »doch noch nicht alles gewesen« sein kann, daß es etwas Größeres und Bedeutenderes geben muß, das da draußen auf sie wartet, und sie nur hinausgehen müßten, um es zu entdecken. Wenn die Sehnsucht nach Höherem so überhandnimmt, daß der gewöhnliche Alltag als unerträglich, unbefriedigend und langweilig empfunden wird, kann dies fatale Folgen haben.

Sechster Sinn

Diese Menschen scheinen einen sechsten Sinn zu haben, der ihnen dazu verhilft, immer im richtigen Moment am richtigen Ort zu sein. Wenn sie sich auf ihren Instinkt verlassen, liegen sie fast immer richtig. Gelegentlich verläßt sich jedoch der eine oder andere zu sehr auf sein Glück und schreckt auch vor illegalen und unmoralischen Machenschaften nicht zurück. Hier wird nach anfänglichen Erfolgen ihre sonst so zuverlässige Intuition versagen und zu immensen materiellen Verlusten führen.

Zum Glück kommt diese extreme Entsprechung nur sehr selten vor. Die meisten lernen einfach ziemlich früh, daß ihre Umgebung eher dazu neigt, ihre Fähigkeiten und ihre Bedeutung zu überschätzen. Da sie nichts getan haben, um diesen Irrtum zu fördern, sehen sie auch keinen Grund, ihn zu korrigieren. So kommen sie in den Genuß mancher Vorteile.

Rollenspiele

Einer meiner Klienten mit dieser Konstellation – die auch vorkommen kann, wenn die Sonne in einem anderen Tierkreiszeichen steht – sah zum Beispiel einem berühmten deutschen Schauspieler zum Verwechseln ähnlich. Wohin er auch kam, wurde er scheinbar »erkannt« und entsprechend bevorzugt behandelt. Er erhielt die besten Hotelzimmer, auch in einem voll besetzten Restaurant wurde auf geheimnisvolle Weise ein Tisch für ihn frei – und so weiter. Nachdem er gelernt hatte, daß seine Versuche, den Irrtum zu korrigieren, nur dazu führten, daß man ihn um so mehr als Schauspieler identifizierte, begann er sich mit seiner Doppelgängerrolle abzufinden. Höhepunkt der Entwicklung war, daß er besagten Schauspieler, der auch noch in der gleichen Stadt wie er lebte, eines Tages kennenlernte. Die beiden verstanden sich auf Anhieb, und der wirkliche Schauspieler engagierte ihn offiziell als Doppelgänger, der für ihn gesellschaftliche Veranstaltungen besuchte, auf die er selbst keine Lust hatte. So verdiente mein Klient mit seiner Ähnlichkeit auch noch Geld. Sicherlich ist ein solcher Fall die seltene Ausnahme. Dennoch entspricht er einem Prinzip, das für alle Menschen, die unter dieser Konstellation geboren sind, gilt.

Ein anderer wurde aufgrund seines vornehmen Auftretens immer für einen Adeligen gehalten, obwohl er ein »normaler« Bürger und Filialleiter eines Supermarkts war. Trotzdem wurde er überall bevorzugt und mit Respekt behandelt.

Eine Dame schließlich, die ebenfalls diesen Aspekt aufwies, schien die Fähigkeit zu haben, sich unsichtbar zu machen. Schon früh hatte sie erkannt, daß sie niemandem auffiel, wenn sie es nicht wollte. Sie nutzte dies für Theaterbesuche und Zugfahrten: Nach ihren Aussagen mußte sie niemals eine Karte lösen, in dreißig Jahren fiel sie kein einziges Mal auf, noch nicht einmal dann, wenn alle anderen kontrolliert wurden.

Unauffälligkeit

24. bis 26.2. (5 bis 7 Grad Fische)

Wer an einem dieser Tage geboren wurde, hat oft ein außergewöhnliches Kommunikationstalent. Die meisten dieser Menschen reden viel und gern. Da sie in der Tat etwas mitzuteilen haben und dabei noch unterhaltsam und amüsant sein können, hört man ihnen meist bereitwillig zu. Nicht immer und nicht allen gelingt es allerdings, das richtige Maß einzuhalten, so daß mancher übersieht, daß sein Gegenüber gelegentlich auch gern einmal etwas sagen würde.

Unter den Menschen mit dieser Konstellation finden sich häufig geborene Lehrer: Keiner kann so gut wie sie schwierige Zusammenhänge allgemeinverständlich erklären. Ihre Begeisterung für ein Thema ist dabei durchaus ansteckend, so daß ihre Schüler auch tatsächlich bei der Sache sind und nicht nur gelangweilt das Ende der Stunde abwarten.

Lehrer

Diejenigen unter ihnen, die nicht solche Kommunikationsathleten sind, haben häufig eine Vorliebe für das Schreiben, gleichgültig, ob es sich dabei um Briefe, das Tagebuch, Gedichte oder einen Roman handelt.

Ausdrucksstärke

Besser als die meisten anderen Menschen sind sie in der Lage, Gefühle auszudrücken und sich in das Seelenleben anderer hineinzuversetzen. So nimmt es nicht wunder, daß, wer immer in ihrer Umgebung Kummer hat, bei ihnen Verständnis und Trost sucht. Da sie stets bereit sind, anderen zu helfen, bleibt ihnen vielfach kaum noch genügend Raum für ihr Privatleben. Oft bedarf es deutlicher Worte des Partners oder enger Freunde, damit sie lernen, sich ausreichend abzugrenzen.

So gut wie alle Menschen mit dieser Konstellation besitzen eine außergewöhnliche geistige Beweglichkeit und eine hohe Intelligenz.

27.2. bis 1.3. (8 bis 10 Grad Fische)

Umtriebiges Temperament

Die Konstellation deutet, ähnlich wie bei den zwischen dem 18. und 20. Februar Geborenen, auf ein umtriebiges Temperament hin. Auch diese Menschen haben meist kein rechtes »Sitzfleisch«, müssen ständig in Bewegung sein und reagieren nervös, wenn sie einmal zur Ruhe verurteilt sind.

Der Handlungs- und Aktionsdrang ist so groß, daß fast immer mehrere Projekte gleichzeitig angegangen werden. Im Berufsleben ist das genauso der Fall wie im Privatbereich. Freilich ist damit noch nicht gesagt, daß Angefangenes auch zu Ende geführt wird. In der Regel trifft eher das Gegenteil zu, zuviel wird begonnen, und zu gering sind Ausdauer und Geduld ausgeprägt. Stören wird das diese Menschen selten, sie brauchen all ihre Energie, um die Folgen, die sich aus gelungenen Projekten ergeben, zu bewältigen.

Auch diese Konstellation kann auf ein gesteigertes Mitteilungsbedürfnis, manchmal bis hin zur Geschwätzigkeit, weisen. Oft sind besondere intellektuelle Fähigkeiten und eine robuste Konstitution vorhanden. Wer an diesen Tagen geboren wurde, wirkt oft bis ins höhere Alter ausgesprochen jugendlich. Häufig werden auch Partnerschaften zu wesentlich jüngeren Partnern eingegangen. Wenn andere Konstellationen im Horoskop dies bestätigen, kann ein Hinweis auf besondere schauspielerische Neigungen und Fähigkeiten vorliegen.

Intellektuelle Fähigkeiten

Falls keine anderen Aspekte dem deutlich widersprechen, haben die Geborenen die beneidenswerte Fähigkeit, sich in jeder Umgebung im besten Licht darstellen zu können. Ohne daß sie etwas Besonderes unternehmen müßten, halten andere Menschen sie sehr schnell für kompetente und sympathische Persönlichkeiten, zu denen sie gern in Kontakt treten. Die angeborene Begabung, eigene Standpunkte so zu formulieren, daß sie einerseits beeindrucken, andererseits aber Andersdenkende nicht vor den Kopf stoßen, macht sie zu begehrten Gesprächs- und Diskussionspartnern.

Da sich höherentwickelte Persönlichkeiten mit dieser Konstellation oft eine erstaunlich umfangreiche und profunde Allgemeinbildung erworben haben, ohne dabei dogmatisch oder besserwisserisch zu werden, akzeptiert man sie auch gern als Vermittler in Auseinandersetzungen. Sie verstehen es, glaubwürdig und unparteiisch die Übereinstimmungen unterschiedlicher Standpunkte hervorzuheben, so

Gute Allgemeinbildung

daß gelegentlich sogar die Aussöhnung zwischen verfeindeten Parteien gelingt.

2. bis 4.3. (11 bis 13 Grad Fische)

Typische Vertreter

Menschen, die an einem dieser Tage geboren wurden, sind die typischsten Vertreter ihres Zeichens. Die meisten von ihnen sind regelrechte Glückskinder. Was sie anpacken, gelingt ihnen auch so gut wie immer. Die Schwierigkeiten in ihrem Leben scheinen nur dafür dazusein, damit sie sich beweisen können, daß es kaum etwas gibt, mit dem sie nicht fertig werden. Diese Menschen brauchen regelrecht große Herausforderungen, um sich selbst zu bestätigen und an ihnen zu wachsen. Ein Leben, das allzusehr in überschaubaren Bahnen verläuft, gibt ihnen nicht das Gefühl von Sicherheit, sondern sie langweilen sich schlicht zu Tode.

Mancher geht in solchen Situationen unnötige Risiken ein. Das können gefährliche Sportarten, der Hang zum Glücksspiel oder gar illegale Aktivitäten sein. Und das alles nur, um sich ein wenig Nervenkitzel zu verschaffen. Wenn sie dann einige Jahre später zurückblicken und sich an ihre »Jugendsünden« erinnern (die durchaus nicht nur in der Jugend begangen werden), erschrickt so mancher nachträglich und ist baß erstaunt, trotz soviel sträflichen Leichtsinns mit heiler Haut davongekommen zu sein.

Lebensenergie

Viel einfacher sind diejenigen dran, die ihre überschäumende Lebensenergie schon frühzeitig in konstruktive Bahnen lenken konnten. Menschen, die ihre berufliche Karriere auf der

Überholspur machten, sind überdurchschnittlich häufig an diesen Tagen geboren. Ihre zahlreichen Erfolge sind niemals etwas, das sie auf Dauer befriedigen könnte, sondern lediglich Etappen auf einem Lebensweg, der kein endgültiges Ziel zu kennen scheint. Diese Fische-Geborenen, denen es übrigens ähnlich wie den 11-bis-13-Grad-Zwillinge-Geborenen geht, müssen darauf achten, daß sie sich und ihren Angehörigen auch einmal ein wenig Muße gönnen. Denn was nützen Erfolg und Wohlstand schon, wenn man sich nicht die Zeit nimmt, diese auch einmal zu genießen?

Muße

In Beziehungen verlangen sie ihrem Partner ein hohes Maß an Toleranz ab. Das macht eine Lebensgemeinschaft oder eine Ehe nicht einfacher. Nicht jeder ist dafür gemacht, mit einem derartigen Energiebündel umgehen zu können. Wer es allerdings mit ihnen aushält, wird dafür mehr als reichlich belohnt: In puncto Großzügigkeit und Hilfsbereitschaft nimmt es so schnell keiner mit ihnen auf.

5. bis 7.3. (14 bis 16 Grad Fische)

Menschen mit dieser Konstellation haben Schwierigkeiten, sich Wissen durch normales Lernen zu erwerben. Insgeheim sehnen sie sich nach Weisheit und Erkenntnissen, die jenseits des Alltagsverstandes liegen. Dieses Wissen befindet sich, wie sie ahnen oder gar intuitiv erkannt haben, in ihnen selbst. Es muß nicht erworben und geübt werden, es reicht aus, das laute Tönen unseres Alltagsbewußtseins zum Verstummen zu bringen, um das, was an Inhalten jenseits der Form in

Inneres Wissen

uns ist, wahrnehmen zu können. So erfüllend der mythische Zugang zu inneren Wirklichkeiten sein kann, nützt diese Gabe doch wenig bei der Bewältigung einer Fahrprüfung oder beim erfolgreichen Überqueren einer Straße.

Hypersensibilität

Diese Konstellation deutet unter Umständen auf eine ungewöhnliche Hypersensibilität hin, die regelrecht kommunikationslähmend wirken kann. Das Bestreben, so genau wie möglich in Worte zu kleiden, was man sagen möchte, kann einerseits zu einem hilflosen Schweigen führen, da es nicht gelingt, Formulierungen zu finden, die den eigenen Ansprüchen genügen. Andererseits mag sich diese Problematik ins scheinbare Gegenteil verkehren. Der Betroffene äußert sich ausführlich bis endlos – in der unbewußten Hoffnung, mit einer seiner Redewendungen mehr oder weniger zufällig den Punkt zu treffen. In beiden Fällen kann es für ein Gegenüber deshalb ein wenig schwierig sein, ein unverbindlich-freundliches Gespräch zu führen.

Sprachempfinden

Während die einen aus dieser vermeintlichen Schwäche eine Stärke machen, indem sie in charmantem und liebenswürdigem Ton ausdauernde und sinnfreie Gespräche führen können und dabei sogar zu Partylöwen werden, entwickeln andere mit solch einer Konstellation ihr hochdifferenziertes Sprachempfinden immer weiter. Hier ist, wie bei allen anderen Konstellationen, natürlich das persönliche Entwicklungsniveau entscheidend. Während der eine eine Vorliebe für Wortspiele, Limericks und ähnliches entdecken mag, wird sich der andere in wachsendem Maße für sprachlich komplexe Prosa und Poesie interessieren.

Formulierungsgeschick

Hochentwickelte Persönlichkeiten mit dieser Konstellation sind in ihren Formulierungen mit einem derartigen Geschick unbestimmt und vage, daß der Gesprächspartner genau das herauszuhören vermeint, was er gern hören möchte, ohne daß es jedoch so gesagt wurde. Diese Fähigkeit kommt Zauberkünstlern, Charmeuren und Hochstaplern genauso zugute wie beispielsweise Firmen- und Regierungssprechern, welche die undankbare Aufgabe haben, vor einer lauernden Journalistenschar zu einem wichtigen Thema Aussagen treffen zu müssen, ohne dabei etwas Konkretes sagen zu dürfen.

Während manche die Fähigkeit zu suggestiven Worthülsen perfektionieren, entwickeln andere eine außerordentliche Wahrhaftigkeit, die jede Form von Selbstbetrug, Eitelkeit und Lüge demaskiert, ohne den anderen dabei bloßzustellen. Auch einige der modernen Hofnarren, nämlich die Kabarettisten, weisen aus dem gleichen Grund diese Konstellation auf. Schließlich bringen sie das Kunststück fertig, daß diejenigen, die sie kritisieren, zufrieden lachend im Publikum sitzen.

8. bis 10.3. (17 bis 19 Grad Fische)

Menschen mit dieser Konstellation können selbst Unangenehmes oder Langweiliges so formulieren, daß es schön und interessant klingt. Fast immer besteht die Fähigkeit, sich so auszudrücken, daß sie von ihrem Gegenüber verstanden werden.

Diplomatie

Sie besitzen eine bemerkenswerte Fähigkeit zur Diplomatie, welche sie zu den besten Vermittlern überhaupt macht. Leider hat diese Stärke auch ihre Kehrseite: Sie können nur schwer nein sagen, unmißverständliche persönliche Meinungsäußerungen wird man von ihnen nur selten zu hören bekommen. So ist es nicht leicht, ihnen gerecht zu werden und ihre Wünsche zu erfüllen: Der andere kennt sie einfach nicht.

Diese Konstellation ist oft ein Hinweis auf ein besonderes Sprachtalent und eine wohlklingende Stimme. Dolmetscher, Sprecher, Übersetzer, Fremdsprachenkorrespondenten sowie in der Kosmetik- und Kunstbranche Tätige sind häufig an diesen Tagen geboren.

Ausgeglichenheit

Die Konstellation deutet auf ausgeprägte gesellige Neigungen hin. Am liebsten verbringt man seine Zeit im Freundeskreis. Da diese Menschen im Umgang mit anderen ausgeglichen und harmoniebetont sind, kommt fast jeder gut mit ihnen aus, und sie können sich in allen Gesellschaftskreisen problemlos bewegen.

Ihre Art, sich freundlich und verbindlich zu geben, kann dazu führen, daß sie von manchen als profillos und langweilig eingeschätzt werden. Andere glauben vielleicht sogar, sie ausnutzen zu können. Menschen mit dieser Konstellation mögen jedoch lediglich keine unnötigen Auseinandersetzungen. Sollte ein Streit wirklich einmal unvermeidlich sein, so wehren sie sich ihrer Haut mit einer Intensität, daß ihren Kritikern unter Umständen Hören und Sehen vergeht.

In der Regel haben sie jedoch ein so feines Gespür für die ihnen zusagende Umgebung, daß sie ungeeignete Kontakte abbrechen und sich neu orientieren, bevor es überhaupt zu Spannungen kommt.

11. bis 13.3. (20 bis 22 Grad Fische)

Menschen mit dieser Konstellation besitzen oft die eigentümliche Gabe, auch die erfreulichste Nachricht so zu formulieren, daß es sich wie eine Katastrophe anhört. Dies ist ein Aspekt ihres besonderen Humors, der allerdings nicht von allen verstanden und geschätzt wird. Fast immer besteht ein Hang zu ironisch-sarkastischen Formulierungen, die man mit spitzer Zunge zum besten gibt. Da generell die Neigung besteht, in vielen Situationen schneller zu sprechen als zu denken, sollten Mäßigung und Zurückhaltung im Verbalen trainiert werden. Schließlich kann eine unbedachte Äußerung sehr viel mehr Schaden anrichten als ein zu langes Schweigen.

Humor

In den meisten Fällen sind diese Menschen überdurchschnittlich sprachbegabt, was sie sich, insbesondere bei ihrer Vorliebe für Ironie und Sarkasmus, auch beruflich als Journalisten und Kommentatoren zunutze machen können. Der Hang zu scharfen Formulierungen ist im Beruflichen grundsätzlich am besten aufgehoben. Hier weiß der Leser oder Hörer Ironie und Sarkasmus, das eine oder andere doppeldeutige Bonmot zu schätzen. Im persönlichen Umfeld hingegen wird diese Neigung nur selten honoriert.

Sprachbegabung

Viele Menschen mit dieser Konstellation haben eine besondere Begabung für analytisches Denken, solange die Aufgabenstellung nicht allzuviel Ausdauer verlangt. Bei ihnen handelt es sich eher um intellektuelle Sprinter, die kurzfristig Höchstleistungen vollbringen können, danach jedoch erschöpft sind und eine Pause brauchen.

Selbstzweifel

Ihre Erfahrungen, die eigenen Überzeugungen einem anderen nicht eindeutig mitteilen zu können, führen zu Selbstzweifeln und ohnmächtiger Wut, die sich in gelegentlichen cholerischen Ausbrüchen entladen kann. Wichtige Lernaufgabe ist es hier, einen angemessenen Zugang zu den eigenen Aggressionen zu finden. Die ständigen Mißverständnisse zeigen, daß unbewußt eine Unterlegenheitshaltung eingenommen wird, da man immer noch Angst hat, für die eigene Stärke bestraft zu werden. Erst wenn alle Persönlichkeitsanteile verstanden haben, daß die Ohnmachtsituation der Kindheit und Jugend vorbei ist, wird man die eigenen Überzeugungen mit der gebotenen Deutlichkeit vertreten können.

14. bis 16.3. (23 bis 25 Grad Fische)

Intensive Empfindungen

Diese Menschen besitzen eine überdurchschnittlich ausgeprägte Neigung, Empfindungen zu intensivieren und zu verallgemeinern. Auf alles, was als Einschränkung ihrer persönlichen Freiräume interpretiert werden kann, reagieren sie ausgesprochen empfindlich. So ist es verständlich, daß sie versuchen, sich eine Umgebung zu schaffen, die das gesteigerte Bedürfnis nach emotionaler Expansion respektiert oder besser noch unterstützt und fördert. Bei Künstlern mag sich das in einem »Hofstaat« von Bewunderern zeigen, bei finanziell Wohlhabenden in der großherzigen Unterstützung von sozial Schwächeren, die man auf diesem Wege von sich abhängig macht. Es gibt eine Vielzahl von Möglichkeiten, sich eine Umgebung zu schaffen, die Freiräume schafft, die andere nicht haben. Zur Ehrenrettung dieser Menschen muß allerdings gesagt werden, daß sie tatsächlich über ein umfangreicheres (nicht notwendigerweise »besseres«) Seelenleben verfügen als die meisten anderen. Kann dies nicht ausgelebt werden, ergeben sich Verbitterung und seelische Erkrankungen, die sich sogar bis hin zur Depression entwickeln können.

Freiheiten

Diese Menschen lassen gern andere an ihrem Glück teilhaben; wenn es ihnen gutgeht, so ist es ihnen ein Bedürfnis, daß dies in ihrer Umgebung ebenfalls der Fall ist, wofür sie im Rahmen ihrer Möglichkeiten auch häufig selbst Sorge tragen. Die Fähigkeit, alle Aspekte des Lebens wie durch ein Vergrößerungsglas wahrzunehmen, bringt häufig eine gewisse Neigung zur Hypochondrie mit sich: Wenn man aus jeder Mücke einen Elefanten machen kann, dann wird aus harmlosen Kopfschmerzen nur allzuleicht ein Hirntumor, aus Bauchschmerzen eine Blinddarmentzündung und aus gereizten Leberflecken Hautkrebs. Auch in der persönlichen Umgebung wird mancher zu Übertreibungen neigen und sich ein wenig großartiger darstellen, als er in Wirklichkeit ist.

Hypochondrie

Es soll nicht unerwähnt bleiben, daß der Hang zu Übertreibungen bei Karikaturisten, Komikern, Pantomimen, Schauspielern und ähnlichen Berufen allerdings von Vorteil ist.

17. bis 19.3. (26 bis 28 Grad Fische)

Inneres Wissen

Menschen mit dieser Konstellation haben Schwierigkeiten, sich Wissen durch normales Lernen zu erwerben. Ebenso wie diejenigen, die in der Zeit vom 5. bis 7. März geboren wurden, sehnen sie sich insgeheim nach Weisheit und Erkenntnissen, die jenseits des Alltagsverstandes liegen. Dieses Wissen befindet sich, wie sie ahnen oder gar intuitiv erkannt haben, in ihnen selbst. Es muß wie gesagt nicht erworben und geübt werden, es reicht aus, das laute Tönen unseres Alltagsbewußtseins zum Verstummen zu bringen, um das, was an Inhalten jenseits der Form in uns ist, wahrnehmen zu können. So erfüllend der mythische Zugang zu inneren Wirklichkeiten sein kann, so nützt diese Gabe doch wenig bei der Bewältigung einer Fahrprüfung oder beim erfolgreichen Überqueren einer Straße.

Hypersensibilität

Auch diese Konstellation kann auf eine ausgeprägte Hypersensibilität hindeuten, die oft regelrecht kommunikationslähmend wirkt. Das Bestreben, so genau wie möglich das in Worte zu kleiden, was man sagen möchte, kann beim einen zu einem hilflosen Schweigen führen, da es nicht gelingt, Formulierungen zu finden, die den eigenen Ansprüchen genügen. Beim anderen mag sich diese Problematik ins scheinbare Gegenteil verkehren: Man äußert sich ausführlich bis endlos in der unbewußten Hoffnung, mit einer seiner Redewendungen mehr oder weniger zufällig den Punkt zu treffen. In beiden Fällen mag es für ein Gegenüber deshalb ein wenig schwierig sein, ein unverbindlich-freundliches Gespräch zu führen.

Und auch in dieser Hinsicht verhält es sich wie bei den zwischen dem 5. und 7. März Geborenen: Während die einen aus dieser vermeintlichen Schwäche eine Stärke machen und in charmantem und liebenswürdigem Ton ausdauernde sinnfreie Gespräche führen können, wobei sie unter Umständen zu Partylöwen werden, entwickeln andere mit dieser Konstellation ihr hochdifferenziertes Sprachempfinden immer weiter. Hier ist, wie bei allen anderen Konstellationen auch, natürlich das persönliche Entwicklungsniveau entscheidend. Während der eine eine Vorliebe für Wortspiele, Limericks und ähnliches ausbilden mag, wird sich der andere in wachsendem Maße besonders für sprachlich komplexe Prosa und Poesie interessieren.

Partylöwen

Hochentwickelte Persönlichkeiten mit dieser Konstellation sind in ihren Formulierungen mit einem derartigen Geschick unbestimmt und vage, daß der Gesprächspartner genau das zu verstehen vermeint, was er gern hören möchte, ohne daß es jedoch so gesagt wurde. Diese Fähigkeit kommt Zauberkünstlern, Charmeuren und Hochstaplern genauso zugute wie beispielsweise Firmen- und Regierungssprechern, die die undankbare Aufgabe haben, vor einer lauernden Journalistenschar zu einem wichtigen Thema Aussagen treffen zu müssen, ohne dabei etwas Konkretes sagen zu dürfen.

Während manche – und darin ähneln sie den 14-bis-16-Grad-Fische-Geborenen ebenfalls – die Fähigkeit zur Bildung suggestiver Worthülsen perfektionieren, entwickeln andere eine außerordentliche Wahrhaftigkeit, die jede Form von Selbstbetrug, Eitelkeit und Lüge de-

Sprachtalent

maskiert, ohne den anderen dabei bloßzustellen. Auch einige der modernen Hofnarren, nämlich die Kabarettisten, weisen aus dem gleichen Grund diese Konstellation auf. Schließlich bringen sie das Kunststück fertig, daß diejenigen, die sie kritisieren, zufrieden lachend im Publikum sitzen.

20. bis 21.(22.)3.* (29 Grad Fische bis 1 Grad Widder)

Vertrauen

Wer in diesen Tagen geboren wurde, besitzt ein unerschütterliches Vertrauen der Welt und dem Leben gegenüber. Mancher mag diese Menschen gar für naiv halten, weil sie einfach nicht bereit sind, sich durch Rückschläge entmutigen zu lassen. Doch dies zeigt nur den Neid der Pessimisten.

Selbsteinschätzung

Ein solcher Fisch wird so gut wie niemals in eine Lebenslage kommen, die er nicht meistern könnte, so schwer sie auch sein mag. Wenn diesen Geburtstagskindern etwas mißlingt, probieren sie es einfach so lange aufs neue, bis es klappt. Eine besondere Fähigkeit ist hier, die eigenen Grenzen erkennen zu können: Dinge, die einem nicht liegen oder die einen überfordern, werden gar nicht erst ins Auge gefaßt. So ist der Erfolg in allem, was sie beginnen, fast schon garantiert. Allerdings besteht oft auch eine gewisse Abneigung gegen Anstrengungen, zumindest solange sie nicht

---

* Da nicht alle Monate exakt 30 Tage zählen, sind sie nicht immer 1:1 mit den 30 Graden des Tierkreiszeichens in Deckung zu bringen. Außerdem verschiebt sich der Beginn eines Zeichens jährlich ein wenig. Der 22.3. gehört nicht zum Fische-Zeitraum, sondern schon zum Widder.

unbedingt notwendig sind. Nur wenige Menschen mit einer solchen Konstellation lieben kräftezehrende Hobbys, dafür sind sie einfach zu bequem.

Bequemlichkeit

Auch bei der Arbeit achten sie darauf, daß sie sich nicht überanstrengen, was ihnen allerdings längst nicht immer in dem Umfang gelingt, wie sie sich dies wünschen. Besser als die meisten anderen Menschen können sie sich blitzschnell auf neue Situationen einstellen. Spontane Entscheidungen und Unternehmungen lieben sie besonders.

All diese Umstände bewirken, daß sie in Ausbildung und Beruf in vielen Fällen ihre Chancen nicht völlig ausschöpfen, sondern sich mit weniger zufriedengeben, als ihnen möglich wäre. Dennoch verschafft ihnen das im Leben nur in den seltensten Fällen Nachteile. Sie lieben viel zu sehr die Abwechslung, als daß sie Freude an einer zehnjährigen Berufsausbildung mit anschließendem Praktikum finden könnten. So üben auch nur wenige ein Leben lang den gleichen Beruf aus. Wo dies der Fall ist, bietet er so viel Abwechslung und neue Herausforderungen, daß Langeweile kaum aufkommen kann.

Besonders sympathisch macht sie ihre instinktive Abneigung gegen alle Formen von Gewalt. Wer in diesen Tagen Geburtstag hat, gehört zu den friedlichsten Menschen auf diesem Planeten. Lediglich wenn man sie oder ihre Lieben angreift, kann sie ein heiliger Zorn packen, wobei der Überraschungseffekt auf ihrer Seite ist: Das Gegenüber hätte ihnen eine solche Reaktion nie zugetraut und ist deshalb schon überrumpelt, bevor es die Situa-

Abneigung gegen Gewalt

tion überhaupt erfassen konnte. Vor allem Frauen, die an diesen Tagen geboren wurden, neigen überdurchschnittlich oft zu Eisenmangel und Kreislaufstörungen, besonders zu niedrigem Blutdruck. Hier kann ein mäßiges, aber regelmäßiges Kreislauftraining, beispielsweise Schwimmen, Laufen oder Radfahren, wahre Wunder wirken.

Welcher Mond-Typ ist der Fisch?

Jeder Mensch hat neben seinem Sonnen- auch ein Mondzeichen. Das Zeichen, in dem die Sonne steht, spiegelt unser Handeln wider, während das Mondzeichen Auskunft über unser Gefühlsleben gibt. Sie können also zum Beispiel ohne weiteres gleichzeitig Fisch(-Sonne) und Krebs(-Mond) sein.

Gefühlsleben

Gerade wenn Sie einigen Aussagen zum typischen Fisch gar nicht recht folgen können, sollten Sie einmal unter dem Mondzeichen des Betreffenden nachschauen. In vielen Fällen werden Sie hier die Erklärung finden, warum und in welcher Weise er sich von anderen Fischen unterscheidet.

Individuelle Horoskopdeutung

Für eine individuelle Horoskopdeutung ist das Mondzeichen eigentlich noch wichtiger als das Sonnenzeichen. Der Grund, warum das Mondzeichen längst nicht so bekannt ist und dementsprechend auch nicht ausreichend gewürdigt wird, liegt wie gesagt einfach an einem technischen Problem: Während Sie Ihr Sonnenzeichen leicht über Ihr Geburtsdatum feststellen können, ist dies beim Mondzeichen nicht so einfach.

Hier wurden bisher Spezialtabellen, sogenannte Ephemeriden, benötigt, oder man bediente sich eines Computerprogramms. Mit Hilfe der Tabelle im Anhang (»Die Bestimmung des Mondzeichens«) können Sie allerdings sehr leicht das persönliche Mondzeichen des Fischs feststellen.

☽

Widdermond

Die Kombination von Sonne in den Fischen und Mond im Widder verspricht eine aparte Verbindung aus spontaner Durchsetzungsfähigkeit und Intuition. So haben die Betreffenden in entscheidenden Lebenssituationen nicht nur den richtigen Riecher, sondern auch die nötige Kraft, um ihre Interessen durchzusetzen.

Selbstverantwortung

Wer unter dieser Zeichenkombination geboren wurde, weiß, daß er für sich und seine Handlungen selbst verantwortlich ist. Doch er weiß auch, daß er sich auf die Unterstützung von Freunden und Bekannten fast blind verlassen kann, wenn er diese wirklich benötigt. Umgekehrt können auch die Menschen in seiner Umgebung in schwierigen Situationen auf ihn zählen.

Stolz

Die entwickelten Persönlichkeiten unter ihnen zeichnen sich durch besondere Hilfsbereitschaft aus, die sie nicht an die große Glocke hängen, sie erwarten auch keinen besonderen Dank dafür. Gerade in schweren Krisen fällt es ihnen selbst nicht leicht, Hilfe anzunehmen. Sie haben an sich den Anspruch, mit allen Problemen des Lebens aus eigener Kraft fertig zu werden, und sind deshalb oft zu stolz, andere um Rat oder gar um finanzielle Unterstützung zu bitten.

Kein Mensch kann jedoch ohne andere bestehen. Manche Widdermond-Geborene begehen den Fehler, sich immer und ausschließlich auf sich selbst zu verlassen, und übersehen dabei, daß sie keines ihrer Ziele ohne die Unterstützung und Mithilfe anderer erreichen können. Im Extremfall kann hier aus Unabhängigkeit sogar Ignoranz werden. Sie wollen keinen Rat akzeptieren, auch dann nicht, wenn er von wohlmeinender und berufener Stelle kommt.

Ignoranz

In den meisten Fällen führen private und berufliche Krisen schließlich zu der Einsicht, daß ein Weiterkommen nur möglich ist, wenn das Wissen und Können anderer in das eigene Leben mit einbezogen wird. Gerade bei außergewöhnlich starken Persönlichkeiten kann es aber passieren, daß sie sich so lange ausschließlich auf sich selbst verlassen, bis sie sich in eine derart aussichtslose Lage manövriert haben, daß eine sinnvolle Lösung kaum noch möglich ist.

Die größte Herausforderung für Widdermond-Geborene ist zweifellos das Erlernen echter Begegnungsfähigkeit. Fühlen und Handeln sind hier oft so widersprüchlich, daß man Schwierigkeiten hat, sich selbst zu verstehen. Um so schwerer ist es dann, auf andere angemessen zuzugehen. Partnerschaft, Freundschaft und Familie können nicht mit dem gleichen Mißtrauen und Konkurrenzbewußtsein angegangen werden wie das übrige Leben. Hier gilt es, echte Offenheit und Vertrauen zu erlernen. Nur das Bemühen um diese Fähigkeiten schafft die Möglichkeit für ein zufriedenes und ausgeglichenes Leben.

Partnerschaft

Für diese Menschen ist es eine echte Lernaufgabe, zu begreifen, daß es kein Zeichen der Schwäche ist, zuzugeben, wenn man einmal mit seinem Latein am Ende ist, im Gegenteil. Unbewußt haben sie Angst, aus ihrem Freundes- und Bekanntenkreis ausgeschlossen zu

Aufgaben

werden, wenn man ihnen anmerkt, daß sie Hilfe benötigen. Diese Sorge ist unbegründet. Die Menschen, die sie selbst immer wieder unterstützt haben, werden sich freuen, wenn sie sich revanchieren können.

☽

Stiermond

Bei dieser Konstellation kommen unüberlegte und impulsive Handlungen selten vor. Die Sonne in den Fischen harmoniert hervorragend mit dem Stiermond: Der Fische-Anteil der Persönlichkeit wird ein wenig pragmatischer und erdverbundener, der Stier-Anteil hingegen offener und geistig beweglicher.

Geld

Stiermond-Geborene haben im allgemeinen ein gutes Verhältnis zum Geld. Wann immer es möglich ist, werden sie darauf achten, daß sie mehr einnehmen, als sie ausgeben. Deshalb gelingt es ihnen meist auch, in guten Zeiten nennenswerte Ersparnisse zurückzulegen. Bei manchen der Stiermond-Geborenen nimmt die Sparsamkeit übertriebene Züge an. Allerdings gibt es hier auch den Gegentyp. Bei diesem besteht häufig eine Tendenz zu riskanten Spekulationen und windigen Geschäften, die angeblich über Nacht riesige Gewinne bringen sollen. Solche Aktionen können diese Menschen sehr viel Lehrgeld kosten oder

Verluste

sie gar um ihr Vermögen bringen. Bei Fische-Geborenen besteht ein erhöhtes Risiko, falschen Versprechungen und unrealistischen Träumereien aufzusitzen. Wenn diese Menschen jedoch haben, was sie wollen, tun sie alles, um es nicht wieder zu verlieren, denn einmal erlangte Vorteile gilt es zu erhalten und zu mehren.

Ausland

Die Praxis hat gezeigt, daß viele erfolgreiche Menschen, die mit Auslandsgeschäften (Reiseveranstalter, Import-und-Export-Geschäfte) zu tun haben, diese Konstellation aufweisen. Auch alle Berufe, bei denen es ums Verwalten oder den An- und Verkauf von Grundbesitz geht, werden von diesen Menschen häufig gewählt.

Wissen, das nicht konkret anwendbar ist, interessiert Stiermond-Geborene nur in den seltensten Fällen. Umgekehrt sind sie in der Lage, auch scheinbar völlig verkopfte Theorien oder Einstellungen in die Praxis umzusetzen.

Freunde und Familie

Ihr Engagement für ihre Freunde, für Familie und Bekannte ist in vielen Fällen beeindruckend. Vor allem für sozial Schwache und Gestrauchelte setzen sie sich ein, ohne dabei Rücksicht auf die öffentliche Meinung zu nehmen. Wenn es um Menschen und Menschlichkeit geht, interessieren sie Ideologien und Dogmen überhaupt nicht mehr. Instinktiv ist ihnen der Unterschied zwischen persönlichen Ansichten und praktischen Notwendigkeiten bewußt. Ihre Fähigkeit, auf zerstrittene Parteien versöhnend einzuwirken, wird von allen sehr geschätzt.

Sinnlichkeit

Keine andere Mond-Konstellation weist so viel angeborene Sinnlichkeit und Genußfähigkeit auf wie diese. Essen, Trinken, geselliges Beisammensein und nicht zuletzt die Sexualität können intensiv genossen werden. Aus dieser lebensfrohen Einstellung ziehen diese Menschen die Kraft, um auch mit schwierigen Situationen zurechtzukommen.

Wenn auch nicht alle, so besitzen doch viele Stiermond-Geborene einen umwerfenden Humor, der meist bodenständig bis derb ist. Zumindest aber ist ein gewisser »Mutterwitz« vorhanden, der es ihnen leichtmacht, Spannungssituationen die Spitze zu nehmen.

Humor

Der größte denkbare Hemmschuh für eine weiter gehende Persönlichkeitsentwicklung ist der Hang zum Opportunismus. Das eigene Fähnchen wird immer nach dem Wind ausgerichtet, der den größten Geldsegen verspricht, ohne sich dabei von moralischen oder ethischen Problemen allzusehr irritieren zu lassen. Als Konsequenz verlieren alle Dinge im Leben ihren persönlichen Wert, auch der größte materielle Erfolg kann nicht mehr befriedigen.

Überlebenskünstler

Stiermond-Geborene sind wahrhafte Überlebenskünstler, deren Bodenständigkeit sie auch mit den schwierigsten Krisen im Leben zurechtkommen läßt. Es gelingt ihnen jedoch nur unter größten Anstrengungen, freiwillig Opfer zu bringen, auf etwas zu verzichten oder finanzielle Einbußen in Kauf zu nehmen. Hier muß gelernt werden, daß auch geistige Werte kostbar sind, und zwar in vielen Fällen weitaus mehr als die materiellen. Erst wenn man sich moralische, ethische oder religiöse Prinzipien zu eigen gemacht hat, nach denen das Leben ausgerichtet werden kann, ist es möglich, materiellen Wohlstand wirklich zu schätzen.

Wer mit dem Mond im Tierkreiszeichen Stier geboren wurde, muß lernen, daß es in diesem Leben keine endgültige Sicherheit und keine absolute Gewißheit gibt. Wer allerdings eine Fischesonne hat, dem fällt dies leichter als anderen Tierkreiszeichen.

☽

Zwillingsmond

Es gibt keine besseren Verhandlungspartner als Menschen mit dem Mond in den Zwillingen. Wenn Sie jemanden brauchen, der Ihnen hilft, einen anderen von einer Sache zu überzeugen, suchen Sie sich jemanden mit dieser Konstellation. Er kann Positionen glaubhafter vertreten, von denen er im Grunde nicht die geringste Ahnung hat, als mancher Experte.

Mitteilungsbedürfnis

Nichts macht einen Menschen mit dieser Konstellation glücklicher, als wenn er sich anderen mitteilen kann, sei es mündlich oder schriftlich. Da er mehr Gedanken zu vermitteln hat, als ein normales Gegenüber verkraften kann, schafft hier nur ein großer Freundeskreis oder ein passender Beruf Abhilfe. So nimmt es nicht wunder, daß viele mit dieser Konstellation erfolgreich und gern einer Lehrtätigkeit nachgehen.

Sport

Die wenigen Zwillingsmond-Geborenen, die nicht zum Typus des Kommunikationsathleten gehören, verfügen oft über eine außerordentliche sportliche Begabung. Für diese Menschen ist regelmäßiges Training häufig die Voraussetzung für ihr seelisches und körperliches Gleichgewicht, da für ihre überschießende physische Energie und ihre permanente seelische Anspannung so ein Ausgleich geschaffen wird. Die Praxis hat gezeigt, daß Menschen mit dieser Konstellation oft an Allergien, insbesondere im Atemwegsbereich leiden, die durch einen solchen Ausgleich bis hin zur Beschwerdefreiheit gemildert werden können.

Unvoreingenommenheit

Vor allem bei Themen, die sie nicht unmittelbar persönlich betreffen, können sie außergewöhnlich unvoreingenommen das Für und Wider unterschiedlicher Standpunkte abwägen. Das macht sie zu beliebten Diskussionspartnern und ausgezeichneten Schlichtern in Auseinandersetzungen.

Menschen mit Zwillingsmond und der Sonne in den Fischen haben oft bis ins hohe Alter hinein eine jugendliche Ausstrahlung und überraschen durch spontane Einfälle und Vorschläge. Sie lieben die Beweglichkeit, sei es im geistigen oder im körperlichen Bereich. Begeisterungsfähigkeit und Spontaneität gehören zu ihren sympathischsten Eigenschaften, die man bei ihnen auch keinesfalls unterdrücken sollte, da sie sonst mit Krankheit und Depression reagieren können.

Viele Zwillingsmond-Geborene laufen Gefahr, ihr gesamtes Leben auf der Überholspur zu verbringen. Da bleibt kaum Zeit, sich mit jemandem oder etwas wirklich intensiver zu beschäftigen. Auch Fingerspitzengefühl und Rücksichtnahme müssen zurückstehen, wenn es um die Sache geht. Wer nicht gelernt hat, sich genügend Zeit für Freunde und Partner zu nehmen, läuft Gefahr, oberflächlich und gefühlskalt zu werden. Fische-Sonne-Zwillinge-Mond-Geborene müssen lernen, mehr auf ihre Gefühle zu hören, damit sie diesen Tendenzen rechtzeitig gegensteuern.

Oberflächlichkeit

Die größte Herausforderung für Zwillingsmond-Geborene ist das Erlernen der Fähigkeit, aus ihrer immensen Vielseitigkeit echte Toleranz zu entwickeln. Es erfordert wahrhaft Größe, andere Ansichten als die eigenen wirklich gelten zu lassen und nicht nur gönnerhaft zu ertragen. Partnerschaft, Freundschaft und Familie sollten nicht mit »wissenschaftlichem« Verstand angegangen werden. Hier sind Weitsicht, Muße und Offenheit notwendig. Die Auseinandersetzung mit religiösen und weltanschaulichen Themen kann dabei außerordentlich nützlich sein. Denn nur wer in seinem Leben einen tieferen Sinn erkennt, vermag auch wirklich »zu-frieden« zu sein.

Offenheit

☽

Krebsmond

Neben den Fischemond-Geborenen sind dies die gutmütigsten Vertreter ihres Tierkreiszeichens. Solange Sie die Gefühle des Krebsmonds nicht verletzen und er im Gegenzug die Ihrigen nachvollziehen kann (und es gibt nur wenig, wofür ein Krebsmond nicht Verständnis aufbringen könnte), wird er sich noch nicht einmal wehren, wenn sie ihm die Haare vom Kopf fressen. Die größte Dummheit, die Sie begehen können, ist, ihn deshalb für einen naiven Trottel zu halten. Sie müssen überhaupt nichts tun, es reicht völlig aus, wenn Sie so etwas denken: Er wird es merken. Und die Folgen für Sie sind meist furchtbar. Ehe Sie sich versehen, hat er Sie an allen Ihren wunden Punkten gleichzeitig getroffen, an allen, die Sie schon kannten und sorgsam zu verstecken suchten, und einigen mehr, von denen Sie bis jetzt noch gar nichts wußten. Der Krebsmond ist der Gefühlsseismograph unter den Tierkreiszeichen, keine seelische Regung

Verständnis

in seiner Umgebung entgeht ihm, und er merkt sie sich alle. Solange Sie seine Gefühle nicht verletzen, haben Sie, wie gesagt, den gutmütigsten Menschen der Welt vor sich, andernfalls seziert er Ihr Selbstwertgefühl wie ein Metzger ein Filetstück.

Gutmütigkeit

Allzusehr sollten Sie sich durch diese Darlegungen nicht erschrecken lassen, denn Krebsmond-Geborene sind nicht nachtragend. Sobald Sie Ihren Fehler eingesehen haben, sind diese die ersten, die bereit sind, das Ganze zu vergessen.

Wenn Sie einen solchen Menschen von etwas überzeugen oder zu einer Sache überreden wollen, werden Sie mit den üblichen Argumenten eher wenig ausrichten. Falls er sich nicht gerade in großen finanziellen Schwierigkeiten befindet, wird Geld allein ihn kaum umstimmen können. Auch Prestige, sozialer Status oder Abenteuerlust werden für ihn nur selten bestimmende Motive sein. Wenn Sie jedoch glaubhaft machen können, daß andere ohne die Hilfe und Unterstützung des Krebsmondes aufgeschmissen wären, wird ihm ein »Nein« ausgesprochen schwer fallen.

Unbestechlichkeit

Menschen mit dieser Konstellation sind häuslich: Die Geborgenheit in der Familie und der Schutz in den eigenen vier Wänden liegen ihnen ganz besonders am Herzen. So sind sie denn auch bereit, alle Vorschläge genau zu prüfen und zu überdenken, die ihrer Familie nutzen oder ihre Wohnsituation entscheidend verbessern können.

Häuslichkeit

Krebsmond-Geborene sind in ihrer persönlichen und beruflichen Umgebung aufgrund ihres Einfühlungsvermögens oft außerordent-

Beliebtheit

lich beliebt, ohne daß sie darum viel Aufhebens machen würden. Im Gegenteil: Meist ist ihnen gar nicht bewußt, wie gut sie bei anderen Menschen ankommen. Mehr als andere Fische neigen sie zu Selbstzweifeln, die sie jedoch in der Regel konstruktiv nutzen können, um sich selbst immer wieder zu besonderen Leistungen zu motivieren. Mit Durchschnittlichkeit und Mittelmaß werden sie sich – bei sich selbst – niemals zufriedengeben. Sie neigen dazu, von sich selbst mehr zu verlangen als von anderen.

In dieser Hinsicht sind sie auch die idealen Vorgesetzten. Sie werden kaum zu denjenigen gehören, die während der Arbeitszeit Golf spielen gehen, während sie von ihren Mitarbeitern höchstes Engagement fordern. Typischer für sie ist, daß sie morgens als erste die Firma betreten, um sie abends als letzte zu verlassen. Das hat natürlich für die Mitarbeiter Vorbildfunktion und spornt sehr viel mehr an als etwa eine drohende Entlassung oder eine Gehaltskürzung. Aber auch als Mitarbeiter werden sie ihr Bestes geben und sich weit über das verlangte Maß für ihre Tätigkeit engagieren, wenn man ihnen die Möglichkeit gibt, sich mit ihrer Aufgabe, ihren Kollegen und dem Konzept des Betriebes zu identifizieren.

Vorbildfunktion

Niemand kann bei außergewöhnlicher Begabung so beliebt und populär sein wie ein Krebsmond-Geborener. Bei allen anderen Konstellationen ist Anerkennung mit Neid und »Volkstümlichkeit« mit einem Mangel an Niveau verknüpft. Daß dies hier anders ist, hängt vielleicht damit zusammen, daß jeder ihnen anmerkt, wie hart sie für ihren Erfolg gearbeitet haben und wie ehrlich sie sich über ihn freuen können.

Boris Becker

Boris Becker etwa löste mit seinem ersten Wimbledon-Sieg eine derartige Begeisterung aus, daß Tennis völlig unerwartet zum Volkssport wurde. Thomas Mann schuf mit den *Buddenbrooks* ein Stück Weltliteratur, als er gerade mal Anfang Zwanzig war. Claude Debussy ist neben Ravel der bedeutsamste impressionistische Komponist. Eine ähnliche Vorreiterrolle, wie sie Debussy in der klassischen Musik spielte, nahm Jimi Hendrix in der Popmusik ein. Niemals zuvor spielte jemand die »elektrische« Gitarre in einem solchen Maße als eigenständiges Instrument. Bei entsprechendem Entwicklungsniveau sind beim Krebsmond also außergewöhnlicher Ehrgeiz und oft auch künstlerische Begabung vorhanden. Erfolg und Popularität sind das häufige Ergebnis besonderer Anstrengungen und immenser Kreativität.

Konsequenz

Jede Fähigkeit ist auch eine Bürde: Wer über viel Phantasie und Kreativität verfügt, wird Schwierigkeiten haben, sich für langfristige Ziele zu entscheiden. Es fällt schwer, konsequent bei einer Sache zu bleiben, wenn man ständig neue sowie interessante Ideen hat. In psychologischer Hinsicht sind Selbstdisziplin und schöpferische Begabung Gegensätze. Doch nur wer lernt, sich aus dieser Vielzahl seiner Wünsche und Möglichkeiten auf einige wesentliche Themen zu beschränken, kann Außergewöhnliches leisten. Nahezu alle erfolgreichen Krebsmond-Geborenen haben schon frühzeitig auf ein einziges Ziel hingearbeitet.

Die Verbindung Fischesonne und Krebsmond weist meist auf eine ungewöhnlich ausgeglichene Persönlichkeit hin. Oft werden die Konsequenz und die Durchsetzungsfähigkeit dieser Menschen erheblich unterschätzt, da ihnen die lauten Töne in der Regel nicht liegen. Um so leichter können sie ihre Interessen verwirklichen.

☽

Löwemond

Die Verbindung vom Mond im Löwen und der Sonne in den Fischen hat viele Vorzüge, welche die Betreffenden mit besonderen Fähigkeiten ausstatten. Sie lernen schneller und leichter als andere. Häufig besitzen sie eine besondere Sprachbegabung und fast immer kaufmännisches Talent. Niemand kann so gut wie sie in einer Gruppe von Menschen unterschiedlichster Herkunft und verschiedenen Temperaments eine angenehme Atmosphäre schaffen. Es gibt kaum bessere Gastgeber als sie. Selbst der formellsten Veranstaltung können sie noch eine persönliche und menschliche Note geben. Das wissen sie selbst besser als alle anderen, und genau das ist ihr Problem: Unabhängig davon, wieviel Lob und Anerkennung man ihnen entgegenbringt, sie fühlen sich mißverstanden und unterbewertet. Hier können manchmal sogar Primadonnenallüren auftreten, womit sie in ihrer Umgebung auf Unverständnis stoßen.

Sprachbegabung

Im Bereich der Gefühle reagieren sie immer heftig und intensiv, das gilt natürlich auch, wenn sie sich enttäuscht und verletzt fühlen, obwohl sie viel zu stolz sind, sich eine Kränkung anmerken zu lassen. In der Regel ist es dann Aufgabe des Partners, das angeschlagene Selbstwertgefühl wiederaufzubauen.

Dabei handelt es sich hier um ausgesprochen begeisterungsfähige Persönlichkeiten, die lediglich eine Aufgabe benötigen, für die sie sich mit all ihrer Kraft einsetzen können. Werden sie entsprechend gefordert, legt sich auch ihr Hang zur Unzufriedenheit, und sie sind zu außerordentlichen Leistungen fähig. Fast wie die Luft zum Atmen brauchen sie Herausforderungen, die sie zwingen, über sich selbst hinauszuwachsen. Ist dies der Fall, braucht man sich über ihr irritierbares Selbstwertgefühl keine Sorgen mehr zu machen, schließlich stellen sie sich jetzt selbst ständig ihre Fähigkeiten unter Beweis und können die Ignoranz ihrer Umgebung entsprechend gelassener nehmen.

Herausforderungen

Die meisten Menschen mit dieser Konstellation wirken ausgesprochen warmherzig und spendabel. Das führt allerdings oft zu peinlichen Mißverständnissen, da ihre grundsätzliche Freundlichkeit von ihrem Gegenüber wesentlich persönlicher genommen wird, als sie gemeint ist. Das heißt nichts anderes, als daß viele schnell dem Irrglauben erliegen, daß der Löwemond ein mehr als nur freundschaftliches Interesse an ihnen hat. So wiegt sich mancher in der falschen Sicherheit, das Herz eines Sonne-Fische-Mond-Löwe-Menschen für sich gewonnen zu haben, während dieser möglicherweise Probleme damit hat, sich auch nur an ihn zu erinnern. Glücklicherweise lernen die meisten im Laufe der Jahre ihre Wirkung

Warmherzigkeit

auf ihre Umgebung angemessener einzuschätzen, so daß derartige, für beide Seiten peinliche Mißverständnisse seltener werden.

Was sie sich allerdings nur in den seltensten Fällen abgewöhnen können, ist die Neigung, ihre Umgebung, insbesondere natürlich Menschen, die ihnen am Herzen liegen, von den Dingen überzeugen zu wollen, die sie für sich als hilfreich und nützlich erkannt haben. Dabei ist es unerheblich, ob es sich um eine Nachtcreme, eine bestimmte Gesundheitskur oder eine spezielle Musik-CD handelt. Von dieser Neigung lassen sie auch nicht durch die recht häufige und enttäuschende Erfahrung ab, daß die meisten Menschen ihre persönlichen Vorlieben nur bedingt teilen.

Überzeugungswille

Löwemond-Persönlichkeiten zeichnen sich durch einen besonderen Lebenshunger aus, dem sie nachgehen, wann immer sich eine Möglichkeit dazu bietet. So gibt es kaum etwas Menschliches, das ihnen fremd ist, und falls doch, streben sie nach einer Gelegenheit, es so schnell wie möglich auszuprobieren.

Lebenshunger

Keine andere Mond-Konstellation bietet die Chance zu einem so ausgeprägten Charisma wie diese. Insbesondere Damen mit dem Mond im Löwen können eine Anziehungskraft auf das andere Geschlecht ausüben, für die eine vernünftige Erklärung nicht mehr ausreichend ist. Allen ist das Bedürfnis gemeinsam, von ihrem Umfeld anerkannt und respektiert zu werden, auch gegen ein wenig Bewunderung haben sie selten etwas einzuwenden. Kein anderes Tierkreiszeichen besitzt so viel natürliche Autorität wie dieses, und entwickelte Persönlichkeiten werden diesem Anspruch auch

Charisma

gerecht. Solange man sie nicht in Frage stellt, setzen sie sich mit allen ihnen zur Verfügung stehenden Mitteln für ihre Mitmenschen ein, besonders für Kinder. Wenn sie es sich leisten können, sind sie die großzügigsten Gastgeber und freigebigsten Gönner, die man sich nur vorstellen kann.

Eitelkeit

Die größte Gefahr für Löwemond-Geborene ist ohne Zweifel ihre Eitelkeit und ihre Selbstbezogenheit. Dieses Risiko wird durch die Sonne im Fische-Zeichen allerdings in der Regel gemildert.

Alter

Kaum jemand kann und will sein ganzes Leben lang ausschließlich im Mittelpunkt stehen. So groß die Strahlkraft des einzelnen auch sein mag, es kommt doch der Tag, an dem andere den Platz einnehmen, den man für den eigenen hielt. So fällt es Löwemond-Geborenen besonders schwer, mit dem Nachlassen von Kräften und Fähigkeiten im allgemeinen und den Symptomen des Alterns im besonderen zurechtzukommen. Das Tierkreiszeichen, das Vitalität, Lebendigkeit und Lebensfreude schlechthin repräsentiert, bringt keine Menschen hervor, die sich mit dem Schwinden ihrer Energie so ohne weiteres abfinden können.

Aufgaben

Es ist eine triviale, aber schmerzhafte Erkenntnis, daß wir alle einmal Jüngeren und Besseren Platz machen müssen. So ist es für Löwemond-Persönlichkeiten eine besondere Herausforderung, intensiv in der Gegenwart zu leben und gleichzeitig in Würde zu altern. Hier kann eine innere Reife entstehen, die ein noch größeres Feuer ausstrahlt, als es die Kraft der Jugend vermag.

☽

Jungfraumond

Wenn Sie einen Fische-Menschen kennenlernen, der Sie durch eine auffallend schlagfertige Reaktion auf eine besonders ungewöhnliche Situation beeindruckt, und dieser Ihnen anschließend erklärt, das Ganze wäre weiter keine Kunst, schließlich hätte er sich schon vor langer Zeit einen Plan zurechtgelegt, wie er in einer solchen Lage reagieren würde, dann kann es sich nur um einen Jungfraumond handeln (andernfalls steht der Mond im sechsten Haus). Diese Menschen besitzen eine unbegrenzte kreative Phantasie, was die Bewältigung aller möglichen und unmöglichen Herausforderungen des Lebens angeht, und sie verfügen über ein hervorragendes Gedächtnis.

Phantasie

Manche Menschen haben jede Menge originelle Ideen. Andere verfügen über praktischen Verstand und Handlungsenergie. Sonne-Fische-Mond-Jungfrau-Menschen besitzen beides in reichlichem Maß. Ihr großer Vorteil ist dabei, daß sie ihre Möglichkeiten meist realistisch einschätzen. Sie neigen weder zu Größenwahn noch zu falscher Bescheidenheit. Und sie werden niemals versuchen, etwas durchzusetzen, von dem sie nicht zutiefst überzeugt sind, daß es einer guten Sache dient oder ihnen einfach zusteht. Viele hervorragende Händler und Spitzenverkäufer besitzen diese Konstellation. Die einzige Bedingung für ihren Erfolg ist, daß sie selbst von der Qualität des Produktes überzeugt sein müssen.

Realisten

Fast jeder kennt den beliebten Verkaufstrick, wenn ein Kunde unschlüssig ist. Der Verkäufer meint einfach: »Das Gerät ist das beste, ich habe es selbst zu Hause.« Die meisten Käufer lassen sich auf diese Weise überzeugen, unabhängig davon, ob der Verkäufer die Wahrheit gesagt hat oder nicht. Wenn Ihnen ein Jungfraumond-Geborener so etwas sagt, können Sie sicher sein: Es ist die Wahrheit. Und er wird Ihnen nicht nur auseinandersetzen, daß er dieses Gerät hat, sondern Ihnen aus dem Effeff sämtliche Vorteile gegenüber Konkurrenzprodukten auflisten können. Folgen Sie seiner Empfehlung, wird er sich innerlich für Sie freuen, wenn Sie den Laden verlassen, und sich nicht etwa ins Fäustchen lachen, wie geschickt er mal wieder einen naiven Kunden übers Ohr gehauen hat. Menschen mit dieser Konstellation sind also »ehrliche Makler«, und wer einmal auf ihren Rat gehört hat und gut damit gefahren ist, wird sich gern bei der nächsten Gelegenheit wieder an sie wenden.

Wahrheitsliebe

Neben der häufig vorhandenen kaufmännischen Begabung kommen hier auch schriftstellerisches Talent sowie die Eignung für technische Berufe vor. Eine Reihe exzellenter Ingenieure und Architekten besitzen diese Konstellation.

Berufe

In Partnerschaften sind sie treu und zuverlässig, solange sie das Gefühl haben, sich auf ihr Gegenüber blind verlassen zu können. Allerdings ist ihr Sinn für das Praktische der Romantik nicht eben förderlich. Man sollte nicht den Fehler begehen und jedes gemeinsame Ausgehen als »Investition in die Beziehung« betrachten und Partner als »das beste Geschäft«

ansehen, das man je gemacht hat. Kein Mensch mag es, wenn er wie eine Sache betrachtet wird, auch nicht, wenn es sich dabei um eine ausgesprochen gute Sache handelt.

Entwickelte Jungfraumond-Persönlichkeiten verfügen über eine außerordentliche emotionale Beweglichkeit und Reaktionsfähigkeit. Besonders Begabte sind hier zum Schriftsteller oder Schauspieler berufen, da niemand über eine genauere Beobachtungsgabe verfügt als sie. Die meisten der Jungfraumond-Geborenen können Entwicklungen voraussehen und auf sie reagieren, bevor andere diese auch nur erahnen können. Es gibt nicht viele, denen es gelingt, ihnen etwas vorzumachen. Keine andere Tierkreiszeichenposition des Mondes repräsentiert einen solch untrüglichen Sinn für das Machbare. Diese Persönlichkeiten verstehen es, aus jeder Situation das Beste herauszuholen. In Sachfragen, insbesondere natürlich in ihrem Spezialgebiet, sind sie oft so kompetent, daß ihre Meinung und ihr Rat auch von Gegnern ernst genommen und respektiert werden. Was ihnen möglicherweise an Kreativität fehlt, machen sie durch Effektivität mehr als wett.

Reaktionsfähigkeit

Jungfraumond-Geborene besitzen die natürliche Fähigkeit, vorgegebene Situationen so gut wie möglich zu nutzen. Dabei besteht die Gefahr, sich mit unzumutbaren Umweltbedingungen zu arrangieren, ohne den Versuch zu unternehmen, diese zu verändern. Wer in einem Haus ohne Heizung lebt, sollte vielleicht nicht nur Yoga-Übungen machen, um die Kälte leichter ertragen zu können, sondern sich einen Ofen besorgen oder umziehen.

Anpassungsfähigkeit

Die größte Herausforderung für Jungfraumond-Geborene ist das Erlernen der Fähigkeit, ein wenig offenherziger und verschwenderi-

Gefühle

scher mit ihren Gefühlen zu werden. Allzuviel Sachlichkeit und praktischer Verstand machen auch Freundschaften und das Liebesleben zu einer eher trockenen Angelegenheit. Erst wenn wir gelernt haben, unseren Mitmenschen intensiv zu zeigen, was wir für sie empfinden, ist ein wirklich erfülltes Leben möglich.

Diese Menschen reagieren besonders sensibel auf die Mondphasen, vor allem auf den Vollmond. An solchen Tagen sollten riskante Unternehmungen nach Möglichkeit gemieden werden. Dazu gehören auch Operationen. Die Reaktion auf Alkohol, Medikamente oder Drogen kann verändert sein.

Waagemond

Waagemond-Geborene brauchen die Gesellschaft anderer. So gern, wie sie sich ihre Eigenständigkeit beweisen, sind sie doch noch mehr von der Zustimmung anderer, insbeson-

Abhängigkeit

dere der des Partners, abhängig. Wer einen solchen Menschen fertigmachen will, muß ihn in seinem tiefverwurzelten Bedürfnis nach einer harmonischen und ästhetischen Umgebung frustrieren, und dieser wird völlig aus dem seelischen Gleichgewicht geraten. Die meisten Menschen mit dieser Konstellation sind hoch sensibel, und oft reicht es schon aus, sie beispielsweise wochenlang in einem nicht richtig eingerichteten Büro sitzen zu lassen, um sie ernsthaft in Schwierigkeiten zu bringen. Da sie jedoch über außergewöhnlich viel Fingerspitzengefühl verfügen und auf andere Menschen offener, charmanter und diplomatischer als »normale« Fische zugehen, kommen sie nur selten in eine Situation, in der ihnen jemand ernsthaft Schwierigkeiten bereiten möchte.

Beruf

Viele Menschen mit dieser Konstellation sind im weitesten Sinne des Wortes in künstlerischen Berufen tätig. Ob es sich dabei nun um die Tätigkeit eines Friseurs, einer Kosmetikerin, eines Modeschöpfers, einer Innenarchitektin oder eines Designers handelt, in all diesen Berufen spiegeln sich das Bedürfnis und die Fähigkeit wider, den Menschen und seine Umgebung schöner und ansprechender zu gestalten.

Partnerschaft

Kein Mondzeichen ist in seiner Handlungsfähigkeit so von einer geeigneten Partnerschaft abhängig wie dieses. Wenn ein ansonsten pünktlicher Mensch mit blassem Gesicht zu spät zur Arbeit erscheint, wenn ein freundlicher und aufmerksamer Mitarbeiter mit einemmal mürrisch und in sich gekehrt ist: bei einem Waagemond können Sie davon ausgehen, daß Liebeskummer und Partnerschaftsprobleme dahinterstecken. Insgesamt sind diese Menschen ausgeglichener als andere Fische.

Waagemond-Menschen sind die »Beziehungsathleten« im Horoskop. Keine andere Mond-Konstellation ermöglicht eine solch ausgeprägte Fähigkeit, sich mit anderen auseinander- und zusammenzusetzen, wie diese. Es gibt kaum etwas in der persönlichen Umgebung, das einem Waagemond-Geborenen entgehen könnte. Sobald eine Sache oder ein Umstand mit ihm und seiner Lebenssituation auch nur im entferntesten zu tun haben könnte, interessiert es ihn auch unabhängig davon, wie fremd oder ungewohnt dies sein mag.

Harmonie

Ihr außerordentliches Harmoniebedürfnis gibt ihnen den Antrieb und die Fähigkeit, allem, was sie umgibt, insbesondere aber natürlich dem Partner, gerecht werden zu können. Sie wünschen sich aufrichtig, andere zu verstehen, so wie sie auch selbst angenommen und verstanden werden möchten. Es ist nicht einfach, mit einem entwickelten Waagemond-Geborenen Streit zu bekommen, da er in der Regel viel zu sehr versuchen wird, Verständnis für den Standpunkt des anderen aufzubringen.

Manipulation

Die größte Gefahr liegt darin, daß diese Menschen ihre Fähigkeit, andere zu manipulieren, vervollkommnen, während die eigene Persönlichkeitsentwicklung auf der Strecke bleibt. Insbesondere Frauen können schnell dauerhaft Opfer ihrer erlernten Hilflosigkeit werden, zumal dies in unserer Gesellschaft ja auch noch unterstützt und gefördert wird. So gilt beispielsweise eine Frau, die selbständig einen Reifen wechseln kann, für viele immer noch als unweiblich.

Aufgaben

Waagemond-Geborene müssen lernen, ihre Wünsche auch unabhängig von anderen leben zu können. Es fällt ihnen schwer, aufrichtig stolz auf ihre Leistungen und Fähigkeiten zu sein, da sie dazu neigen, sich allzusehr über das Urteil anderer zu definieren. Echte Individualität kann nur erworben werden, wenn wir auch konfliktfähig sind, also einem Streit oder einer Auseinandersetzung nicht um jeden Preis aus dem Weg gehen. Wir müssen lernen, Standpunkte zu vertreten, die von anderen nicht geteilt oder sogar bekämpft werden. Es ist hilfreich zu wissen, daß wir, je mehr wir auf diese Weise zu eigenständigen Persönlichkeiten werden, von den Menschen, die uns etwas bedeuten, nicht verlassen werden, sondern diese noch stärker an uns binden. Wer gelernt hat, zu sich selbst zu stehen und sich von der Zustimmung anderer soweit wie möglich unabhängig zu machen, wirkt auf seine Mitmenschen wie ein Magnet auf Eisenfeilspäne.

Persönlichkeitsentwicklung

Skorpionmond

Wer mit dieser Konstellation geboren wurde, mußte meist schon frühzeitig lernen, daß in diesem Leben nur das wirklich zählt, was man sich selbst unter Anstrengungen und Schwierigkeiten erarbeitet hat. Dabei ist es unerheblich, ob dieser Mensch vordergründig betrachtet eine sogenannte leichte oder schwere Kindheit hatte. In jedem Fall wurde er schon zu einem sehr frühen Zeitpunkt mit den letzten Dingen, insbesondere dem Tod, konfrontiert. Auch wenn die meisten diese Erfahrung bald so verdrängt haben, daß jede bewußte Erinnerung daran fehlt, so macht sie sie doch ernsthafter und nachdenklicher als andere. Gerade in der Kindheit wurden sie von ihren Kameraden deshalb kaum verstanden, sie gelten oft als altklug, grüblerisch oder »miesepetrig«. Im Erwachsenenalter legt sich diese Tendenz etwas, doch was bleibt, ist eine instinktive Abneigung gegen alles Oberflächliche.

Existentielle Erfahrungen

Häufig ist eine ausgeprägte intuitive Ader oder gar eine mediale Veranlagung vorhanden, wenn zusätzlich die Sonne noch in den Fischen steht.

Es ist nicht leicht, ihr Vertrauen zu gewinnen, denn einmal erlittene Verletzungen vergessen sie niemals. Selbst wenn sie sich an das konkrete Ereignis nicht erinnern können, die daraus entstandene Verletzung prägt das Empfinden und das Gefühlsleben der unter dieser Konstellation Geborenen. So tun sie sich in Freundschaften und Partnerschaften am Anfang ein wenig schwer. Dabei können sie durchaus auf andere zugehen und die Initiative ergreifen, aber sie bleiben vorsichtig und versuchen sich gegen jede Enttäuschung zu schützen. Wer jedoch einmal ihr Vertrauen gewonnen hat, kann mit uneingeschränkter Loyalität rechnen.

Freundschaft

Loyalität

Haben sie sich schließlich einmal auf jemanden eingelassen, würden sie sich im Sinne des Wortes für diesen Menschen totschlagen lassen, falls es notwendig sein sollte. Keinesfalls verlangen sie das gleiche Engagement von ihren Freunden und Partnern, wissen sie doch, daß sie vielleicht den guten Willen, aber nicht notwendigerweise die Charakterstärke für ein solches Ausmaß an Konsequenz besitzen.

Wenn sie sich jedoch verraten fühlen, zögern sie nicht, Menschen, die ihnen gestern noch sehr nahestanden, von heute auf morgen aus ihrem Leben zu werfen. Sie sind nicht für halbe Sachen zu haben – schon gar nicht in Gefühlsdingen. Deshalb sind sie auch bereit, sich für ihre Partnerschaften bis an den Rand der Selbstaufgabe einzusetzen und in Krisen nichts unversucht zu lassen, um ihre Beziehung zu retten.

Sobald sie jedoch erkennen, daß sie verraten wurden oder daß man ihr Vertrauen mißbraucht hat, können sie den anderen fallenlassen wie eine heiße Kartoffel. Vielleicht bricht es ihnen das Herz – denn ihre Härte und die scheinbare Gleichgültigkeit im äußeren Umgang sagen nichts darüber aus, was in ihrem Inneren vor sich geht –, doch werden sie lieber vor Kummer eingehen, als bei einem Menschen zu Kreuze zu kriechen, der ihre Gefühle verraten hat.

Konsequenz

Es gibt kein Mondzeichen, das über so viel Willensstärke und Konsequenz verfügt wie dieses; was man sich einmal vorgenommen hat, führt man auch gegen größte Widerstände durch. Die unerreichten Stärken der Skorpionmond-Geborenen sind Leidenschaft und Ausdauer. An allem, an das sie sich emotional gebunden haben, halten sie auch fest.

Ausdauer

Dies gilt für ihr Liebesleben wie auch für Hobbys oder berufliche Ziele. In Ausdauer und Ehrgeiz sind sie nur noch mit den Steinbock-Geborenen vergleichbar. Doch gehen sie bei der Verwirklichung eines Ideals im Extremfall bis hin zur Selbstzerstörung.

Außerdem verfügen Skorpionmond-Geborene sehr oft über ein ausgezeichnetes Gedächtnis, und die Lernfähigkeit bleibt bei aktiven Persönlichkeiten das gesamte Leben erhalten. Sie vergessen ihre Gefühle niemals, vor allem nicht, wenn ihnen jemand einmal aus einer Notlage geholfen hat. Derjenige kann sicher sein, daß diese Menschen keine Gelegenheit auslassen werden, um sich angemessen bei ihren Helfern zu revanchieren.

Ihre außergewöhnliche Empfindungsfähigkeit läßt sie lediglich das zur Kenntnis nehmen, was sie auch wahrnehmen wollen. So können schwierige Zeiten besser überstanden werden. Unerfreuliches wird, wenn nötig, einfach ausgeblendet, als ob es nicht existierte.

Sie lassen sich weder auf Aufgaben noch auf Menschen allzu schnell und intensiv ein. Haben sie jedoch einmal wirklich Feuer gefangen, sind sie zu einer Leidenschaftlichkeit fähig, die keinerlei Kompromisse zuläßt.

Phänomenales Gedächtnis

Entwickelte Menschen mit dieser Konstellation verfügen oft über eine außerordentliche Gefühlstiefe, die sie in eine individuelle Symbolsprache übersetzen. Auf diese Weise erklärt sich auch ihr phänomenales Gedächtnis. Sie müssen sich nur daran erinnern, wie sie sich in einer bestimmten Situation gefühlt haben, schon fallen ihnen auch alle anderen Begleitumstände ein. Ihre Überzeugungen und Ideale strahlen sie mit einer Intensität aus, daß schwache Naturen aufpassen müssen, daß sie sich nicht daran verbrennen. Ohne dogmatisch zu sein, sind sie doch in allen Gefühlsdingen klar und eindeutig. So weiß man immer, woran man bei ihnen ist.

Die Fähigkeit zur Eindeutigkeit ist sicherlich ausgesprochen beneidenswert. Leider birgt sie auch die Gefahr in sich, einseitig zu werden und stur an seinen Fehlern festzuhalten. Nichts ist gefährlicher für Skorpionmond-Geborene als Intoleranz und Selbstgerechtigkeit.

Schützemond

Wer die Sonne in den Fischen und den Mond im Schützen stehen hat, gehört zu den echten

Visionären und unerschütterlichen Optimisten des Tierkreises und weigert sich standhaft, auch nur einen Gedanken daran zu verschwenden, daß es Probleme ohne eine Lösung geben könnte. Obwohl sie manchmal ein wenig verträumt und weltfremd wirken, fällt es den Menschen mit dieser Konstellation leicht, große Zusammenhänge zu erkennen, für die den anderen einfach der Blick fehlt.

Ausland

Fast immer haben sie ein ausgeprägtes Interesse an philosophischen und religiösen Themen. Viele Schützemond-Geborene lieben Fernreisen oder haben sogar beruflich mit dem Ausland zu tun. Durch ihre ungewöhnliche Offenheit und Toleranz haben sie keinerlei Probleme, mit Menschen unterschiedlichster Kulturkreise zurechtzukommen, solange ihr Gegenüber im Gegenzug bereit ist, sie ebenfalls so zu akzeptieren, wie sie nun einmal sind.

Selbstüberschätzung

Bedingt durch ihre außerordentliche Begeisterungsfähigkeit neigen sie dazu, manchmal sich selbst und ihre Möglichkeiten zu überschätzen. Sie vergessen dann einfach, daß der Tag nur 24 Stunden hat und sie unmöglich all die Versprechungen einlösen können, die sie in ihrer Begeisterung und voll des besten Willens gegeben haben. So wirken sie oft auf andere für eine Weile faszinierend, während sie am Ende dann als Aufschneider dastehen, auf dessen Wort kein Verlaß ist. Derartige Erfahrungen kränken sie tief – trotz aller positiven Weltsicht –, schließlich haben sie es wirklich gut gemeint und wollten doch nur helfen. Die größte Herausforderung ist für sie deshalb, sich mit den Begrenzungen der Alltagswirklichkeit abzufinden.

Dies fällt ihnen um so schwerer, als sie voller Begeisterung von einer besseren Welt träumen, von der sie in ihren optimistischsten Momenten genau zu wissen glauben, wie diese innerhalb kürzester Zeit herbeizuführen sei.

Der größte Fehler, den man begehen kann, ist, sie als weltfremde Träumer abzutun. Denn wenn jemand die Kraft hat, eine gute Idee in die Tat umzusetzen, dann sie.

Um in einem Bereich wirklich den Durchbruch zu schaffen, brauchen sie die Unterstützung ihres Freundes- und Bekanntenkreises. Nur wenn sie wissen, daß andere an sie glauben, sind sie auch in der Lage, Außergewöhnliches zu leisten, sei es im Beruf oder in irgendeinem anderen Lebensbereich. Fehlt ihnen diese Unterstützung, können Begeisterung und optimistische Weltsicht von einem Moment zum nächsten in tiefe Depressionen umschlagen. Ihre Gefühle sind immer groß, sei es nun Freude oder Verzweiflung; mit Halbheiten geben sie sich nicht ab – und bei ihren Emotionen schon gar nicht.

Freunde

Doch so schnell, wie sie in das tiefe Loch völliger Niedergeschlagenheit fallen können, so unvermittelt krabbeln sie auch wieder heraus, ohne daß man ihnen auch nur eine Blessur anmerken würde. Schließlich zählt für sie die Vergangenheit (fast) nichts und die Zukunft alles.

Zukunft

Menschen mit einem sparsameren Seelenleben fühlen sich durch den Schützemond oft emotional überfordert – sie sind diesem Ausmaß schnell wechselnder intensivster Emotionen und Ideen einfach nicht gewachsen und fühlen sich manchmal regelrecht erschlagen. Das macht auch für ihre Partner und Lebensgefährten den Umgang mit ihnen gelegentlich ein wenig schwierig. Aber ihr Lebensmut ist ansteckend. Denn es ist faszinierend, wie sie sich diesem Leben trotz all seiner Schwierigkeiten mit so viel Begeisterung stellen.

☽

Steinbockmond

Konventionen

Fische-Geborene machen sich nicht allzuviel aus gesellschaftlichen Konventionen, diejenigen mit einem Steinbockmond schon eher. Ihnen sind öffentliche Anerkennung und Karriere sehr wichtig. So ergeben sich Ehrgeiz sowie Zielstrebigkeit meistens zwangsläufig. Langfristige Planung ist für sie etwas Selbstverständliches, und sie können geduldig warten, bis ihre Zeit gekommen ist. Viele dieser Menschen nehmen langjährige Ausbildungen und umfangreiche Schulungen in Kauf, um einmal den gesellschaftlichen Status zu erreichen, den sie anstreben. Immer wieder aber hat die Fischesonne mit ihren verschleppten, vergessenen oder verdrängten, also nicht erfolgten Entscheidungen zu kämpfen. Oft ist dann ein erheblicher Aufwand nötig, um verpaßte Chancen doch noch wahrnehmen zu können.

Auffällig häufig ist hier ein Interesse an gesellschaftlichen, politischen und sozialen Fragen vorhanden, so daß oft auch ein Beruf aus diesem Bereich gewählt wird. So haben zum Beispiel viele besonders fähige Juristen und Sozialarbeiter diese Konstellation.

Sie sind die mit Abstand sparsamsten Vertreter ihres Zeichens, Verschwendung, gleich in welcher Form, ist ihnen ein Greuel. Ihre Mitmenschen werden unter ihrem sorgfältigen Umgang mit den Finanzen jedoch nur selten zu leiden haben. Im Gegenteil: Fast immer besitzen sie einige Rücklagen, und sie sind stets bereit, einem Freund, der in wirtschaftlichen Schwierigkeiten steckt, auszuhelfen.

Eine ihrer herausragenden Eigenschaften ist ihr außergewöhnlicher Gerechtigkeitssinn.

Fairneß

Von Fairneß halten sie sehr viel – so viel, daß sie auch bereit sind, für deren Durchsetzung persönliche Nachteile in Kauf zu nehmen. Einen Mangel an Konsequenz oder besonderen Egoismus wird ihnen deshalb kaum jemand vorwerfen können.

Nach außen wirken sie wie stabile, unkomplizierte sowie geradlinige Persönlichkeiten. Ihre oft vorhandene Unsicherheit in Gefühlsdingen merkt man ihnen nur schwerlich an. Schließlich sind sie fast immer ordentlich, zuverlässig und systematisch. Das wird von ihrer Umgebung automatisch mit Selbstsicherheit gleichgesetzt. Die Mitmenschen sind davon überzeugt, daß sie ihr Leben im Griff haben und immer genau wissen, wo es langgeht.

Die herausragendste und einmalige Fähigkeit der Steinbockmond-Geborenen ist ihr Gespür für gesellschaftliche Phänomene und Prozesse. So wird beispielsweise ein Boutique-

Trendgespür

besitzer instinktiv wissen, welche Mode die Menschen im nächsten Sommer kaufen wollen. Ein Buchhändler wird die kommenden Bestseller schon vor ihrem Durchbruch auf Lager haben – und so weiter.

Das persönliche Empfinden ist einfach sehr stark angekoppelt an das, was gesellschaftliche Norm ist oder bald sein wird. Auch der NS-Propagandaminister Goebbels hatte diese Konstellation. Auf der anderen Seite setzte Papst Johannes XXIII. Maßstäbe, was die Aussöhnung der Menschen im allgemeinen und die der christlichen Kirche im besonderen anging. Der ehemalige Schauspieler Karlheinz Böhm leistet Vorbildliches und Bewundernswertes mit seiner Aktion »Menschen für Menschen« gegen Hunger und Armut in Äthiopien. Hemingway und Fassbinder schufen in ihrem jeweiligen Œuvre Zeitporträts von ungeschönter Präzision. Keiner karikierte meines Erachtens das deutsche und vor allem das bayrische Spießertum treffender als Karl Valentin, während für mich der Maler Max Ernst in seinem Genre den genauesten Spiegel des Zeitgeistes unseres Jahrhunderts schuf. Diese sehr unterschiedlichen Beispiele wurden ganz bewußt nebeneinandergesetzt: Allen gemeinsam ist die enge Verknüpfung mit gesellschaftlichen Prozessen. Niveau und Verwirklichungsbereich sind selbstverständlich sehr unterschiedlich.

Prominente Vertreter

Neben den Skorpionmond-Geborenen sind Steinbockmonde sicherlich die Menschen mit der größten Konsequenz und Ausdauer in der Verfolgung ihrer Ziele. Sie konzentrieren sich ausschließlich auf das Wesentliche und lassen sich durch nichts und niemanden von ihren Vorsätzen abbringen.

Ausdauer

Da sie in ihrem Gefühlsleben ja gleichzeitig »auf der Welle der Zeit« schwimmen, wird es allerdings nicht allzu häufig vorkommen, daß ihnen ernsthaft Steine in die Wege gelegt werden; sie erreichen meist, was sie sich vorgenommen haben.

Drei Bereiche, die eng miteinander zusammenhängen, können die persönliche Entwicklung der Steinbockmond-Geborenen blockieren: die Angst vor Gefühlen und emotionaler Geborgenheit, die Hemmung, sich Konflikten und unangenehmen Auseinandersetzungen zu stellen, und die genau aus diesem Grund vorhandene Neigung, allzu intensiven persönlichen Beziehungen aus dem Weg zu gehen.

Blockaden

Die großen Dinge des Lebens sind für sie kein Problem, die kleinen aber schon. So kann einer ein Firmenimperium aufbauen, ohne jemals gelernt zu haben, Mitarbeiter angemessen zu kritisieren und umgekehrt auf deren Kritik einzugehen. Ein anderer mag ein herausragender Wissenschaftler sein, ohne die Zeit zu finden, eine Familie zu gründen. Alles, was mit wirklichen persönlichen zwischenmenschlichen Beziehungen zu tun hat, ist für sie die größte Herausforderung überhaupt. Sich auf Menschen einzulassen, ohne daß es klare Spielregeln und Bedienungsanweisungen gibt, verunsichert die Steinbockmond-Geborenen mehr als alles andere – und es verschafft ihnen die größte Befriedigung, wenn es ihnen doch gelingt, über ihren Schatten zu springen.

Herausforderung

Wassermannmond

Fische-Menschen sind Individualisten, diejenigen, die den Mond im Wassermann stehen haben, in besonders gesteigertem Maße. Diese Persönlichkeiten können niemanden kaltlassen – entweder man liebt und bewundert sie, oder man hält sie für verschrobene Exzentriker, die sich hinter einer scheinbar harmlosen Fassade verstecken. In der Tat ist der Umgang mit ihnen nicht immer leicht: Dinge, die sie gestern noch begeistert haben, können ihnen heute völlig gleichgültig sein. Doch sprunghafte Stimmungswechsel und Einstellungsänderungen sind ihre Stärke und nur selten eine Schwäche. Denn immer sind sie auf der Suche nach dem Neuen, Außergewöhnlichen und Originellen. Alltägliches gibt es letztendlich schon genug, und sie sind nicht auf dieser Welt, um sich mit Trivialitäten abzugeben. Daher haben denn auch viele Künstler und Lebenskünstler diese Konstellation. Da sie in hohem Maße von ihren Stimmungen abhängig sind und aus diesen auch ihre besondere Kreativität beziehen, können sich nur wenige an einen geregelten Tagesablauf gewöhnen. Das macht ihnen die Arbeit in einem normalen Beruf natürlich nicht leicht, und wann immer möglich, werden sie sich eine Tätigkeit wählen, die ihnen größtmöglichen Freiraum in der Gestaltung ihrer Arbeitszeit läßt. So wichtig ihnen ihr persönlicher Freiraum auch ist, so liegt den höherentwickelten Persönlichkeiten doch viel daran, sich diesen nicht auf Kosten anderer zu verschaffen. Sie möchten nicht nur einfach ihr »eigenes Ding« machen, sie sind auch fast immer bestrebt, mit ihren originellen Fähigkeiten die Welt oder doch zumindest ihre persönliche Umgebung ein wenig menschlicher, bunter und phantasievoller zu machen.

Sprunghaftigkeit

Beruf

Komik

Oft besitzen Menschen mit einem Wassermannmond ein ausgesprochen komisches Talent, das ihr Publikum auf eine unterhaltsame Weise zum Nachdenken anregt. Sie verfügen über die natürliche Gabe, sich über eine Situation zu stellen, Angriffe und Kritik an sich abperlen zu lassen und so zu tun, als ob jemand ganz anderer gemeint wäre. In den meisten Fällen reicht das schon, um den Gegner ins Leere laufen zu lassen.

Wer unter dieser Konstellation geboren wurde, für den ist nicht das Außergewöhnliche, sondern der Alltag eine echte Herausforderung – zum Beispiel Rechnungen pünktlich zu bezahlen oder den Garten in Ordnung zu halten.

Fischemond

Fische haben oft eine Ausstrahlung, die ein wenig undurchsichtig und geheimnisvoll ist. Diese Wirkung wird durch einen Fischemond noch massiv verstärkt. Falls Sie nach langer Zeit und trotz intensiven Bemühens aus einer solchen Persönlichkeit nicht schlau werden, ist das weiter kein Wunder, denn in der Regel sind diese Menschen sich selbst ein Rätsel. Und wenn sie sich selbst schon nicht begreifen, wie sollen es dann erst andere können?

Verständnis

Ihre Stärke ist, daß sie – darin sind sie den Schützemond-Geborenen ähnlich – für so ziemlich alles und jeden Verständnis aufbringen können, allerdings ohne daß sie deshalb immer damit einverstanden wären. Da sie auch gute Zuhörer sind, fühlt sich ihr Gegenüber verstanden und kann selbst Kritik akzeptieren, ohne sich verletzt zu fühlen.

Ihre größte Schwierigkeit im Umgang mit sich selbst ist hingegen, daß sie im Leben immer wieder Phasen durchlaufen, in denen sie beim besten Willen nicht wissen, was sie wollen – das aber mit aller Macht. In solchen Perioden sind sie ruhelos, grüblerisch und mit sich und der Welt zutiefst unzufrieden. Wann immer es möglich ist, sollten sie in solchen Zeiten eine kreative Pause einlegen und sich an einen Ort zurückziehen, wo sie ungestört ihren Gedanken nachhängen können. Je mehr es ihnen gelingt, abzuschalten und sich von dem Zwang, immer etwas tun zu müssen, zu befreien, um so schneller werden sie ihre innere Klarheit zurückgewinnen.

Ziellosigkeit

Überhaupt besitzen diese Menschen eine ganz außerordentliche Sensibilität in Verbindung mit einem scheinbar unerschöpflichen seelischen Energiereservoir. Mehr als andere neigen sie deshalb auch dazu, sich bis zur völligen Erschöpfung zu verausgaben. Schon allein aus diesem Grund sind regelmäßige Erholungsphasen und Rückzugsmöglichkeiten dringend notwendig.

Sensibilität

Höherentwickelten Persönlichkeiten ist – trotz der durchaus häufig vorhandenen Heimatliebe – jede Form von Stammtischpatriotismus fremd. Kulturelle und soziale Unterschiede sind ihnen nicht so wichtig, auch wenn sie die damit verbundenen Probleme im praktischen Leben durchaus sehen. Für sie persönlich zählen jedoch ausschließlich der Charakter eines Menschen und nicht seine Herkunft oder sein Bildungsgrad.

Zu Menschen, die ihnen nicht liegen, suchen sie eine höfliche Distanz, aus der jeder ungestört seine eigenen Wege gehen kann. Offenem Streit oder aggressiven Auseinandersetzungen stellen sie sich nur, wenn sich dies überhaupt nicht vermeiden läßt. Das bedeutet mitnichten, daß sie feige wären, doch in der Regel sind sie einfach davon überzeugt, daß es produktivere Möglichkeiten gibt, Meinungsverschiedenheiten auszutragen, als sich zu bekämpfen.

Neben ihrer außergewöhnlichen Phantasie und der so gut wie immer vorhandenen künstlerischen Begabung besitzen sie zudem eine

Intuition

sehr starke Intuition. Kaum jemand versteht es besser, zur richtigen Zeit am richtigen Ort zu sein, als sie.

Die größte Schwierigkeit mit dieser Konstellation mag die Einsicht sein, daß es keinen anderen Sinn im Leben gibt außer dem, den wir ihm selbst geben. Da es für Fischemonde keine verbindlichen Vorgaben gibt, an denen sie sich orientieren und festhalten könnten, müssen sie lernen, sich selbst die Welt zu »erschaffen«, in der sie leben wollen und können. Der Fischemond bietet die größte Chance zur

Freiheit

Freiheit, aber er stellt auch die größte Herausforderung aller Mondzeichen dar.

Diese Menschen reagieren besonders sensibel auf die Mondphasen. Das gilt insbesondere bei Vollmond. In diesen Tagen sollten riskante Unternehmungen nach Möglichkeit gemieden werden. Dazu gehören auch Operationen. Die Reaktion auf Alkohol, Medikamente oder Drogen kann verändert sein.

Was kommt auf den Fisch zu?

Welcher Tag wofür geeignet ist

Ein wichtiger Bereich der Astrologie ist die Prognose, also die »Vorhersage« zukünftiger Ereignisse. Viele Astrologen machen keine Prognosen mehr, weil sie meinen, damit seriöser zu wirken und bei ihren Gegnern eher anerkannt zu werden. Ich habe allerdings den Verdacht, daß die meisten vor Zukunftsdeutungen zurückschrecken, weil sie es einfach nicht können. So versucht also mancher, aus der Not eine Tugend zu machen. Nützen tut dies niemandem. Kein Astrologiegegner läßt sich bekehren, weil manche Astrologen keine Prognosen mehr machen. Und wer die Dienste eines Astrologen beansprucht, möchte im allgemeinen doch etwas über seine Zukunft erfahren. Auch Meister der Astrologie geben zu, daß nicht jede Vorhersage exakt eintrifft. Das ist aber weder schlimm noch ein auf die Astrologie begrenztes Phänomen: Die Leistungen der modernen Meteorologie sind unbestritten, und dennoch kann es immer wieder passieren, daß man beispielsweise im Auto sitzt und den Wetterbericht hört, dem zufolge es besonders schön sein soll, während man die Scheibenwischer laufen läßt, weil es draußen in Strömen schüttet. Und es gibt viele Menschen, die gesund und munter sind, obwohl ihnen ein Arzt vor Jahren nur noch wenige Wochen Lebenserwartung prophezeit hat.

Prognose

Astrologen sind keine Wahrsager, und unfehlbar sind sie schon gar nicht. Diese Eigenschaften teilen sie mit den meisten anderen Menschen. Trotzdem ist die Bestimmung der Chancen und Risiken zukünftiger Ereignisse sinnvoll und nützlich. So mancher liebeskranke Jüngling würde viel darum geben, wenn er den Tag wüßte, an dem die Aussichten, bei seiner Angebeteten Gehör zu finden, am größten sind. Sicherlich würde er auch hinnehmen, daß er sich eventuell noch ein Weilchen gedulden muß. Um so mehr, wenn ihm bewußt ist, daß übereiltes Handeln alles verpatzen könnte oder seine Herzdame gar in die Arme eines anderen treibt.

Bestimmung der Chancen

Genau das kann die Astrologie leisten: zu bestimmen, wann Ihre Chancen, erfolgreich zu sein, besonders gut sind und wann man von etwas besser die Finger läßt. Dies ist sogar so einfach, daß man kein Experte sein muß, um günstige und kritische Tage zu bestimmen. Und so geht's:

Als erstes benötigen wir den Geburtstag des Menschen, für den wir die Prognose machen wollen. Nehmen wir als Beispieldatum den 10.4., das Geburtsjahr spielt keine Rolle.

Begegnungszeitraum

6 Monate nach dem Geburtstag finden Sie den Begegnungszeitraum. Das ist in unserem Beispiel der 10.10. plus/minus 5 Tage, also vom 5. bis zum 15.10. Dies ist die günstigste Zeit im Jahr, um jemanden kennenzulernen, sich mit anderen auszusöhnen oder einfach etwas mit den Menschen zu unternehmen, die einem am meisten bedeuten. Je mehr Sie sich in diesen Tagen auf andere statt auf sich selbst konzentrieren, um so mehr werden Sie von dieser Zeit profitieren. *Die für Sie persönlich günstigsten Zeiträume finden Sie 4 und 8 Monate nach dem Geburtstag.* In unserem Beispiel wären dies also der 10.8. und der 10.12. Auch hier gilt wie in allen anderen Fällen ein Zeitraum von plus/minus 5 Tagen. Alles, was Sie jetzt beginnen, hat größere Chancen als sonst, zu einem erfolgreichen Ergebnis zu gelangen. Passieren wird in diesen Phasen allerdings nur selten etwas Außergewöhnliches. Hier gilt das englische Sprichwort: »No news is good news« (Keine [schlechten] Nachrichten sind gute Nachrichten). Diese Konstellation wirkt sich genau umgekehrt aus wie die 3 und 9 Monate nach dem Geburtstag.

Persönlich günstiger Zeitraum

Schließlich sollen noch zwei Zeiträume genannt werden, die besonders für berufliche und geschäftliche Reisen geeignet sind. Sie eignen sich auch bevorzugt für Verhandlungen und Gespräche, Veränderungen in der Wohnung oder am Haus sowie für das Zusammentreffen mit Freunden oder Geschäftspartnern. Die Daten sind 2 und 10 Monate nach dem Geburtstag. In unserem Beispiel wären das der 10.6. und der 10.2.

Beruf und Reise

Da sich diese Daten jedes Jahr wiederholen, genügt es, sie einmal zu berechnen und zu notieren. Wenn Sie die hier gemachten Aussagen mit den Ereignissen in Ihrer persönlichen Vergangenheit überprüfen, werden Sie mit Sicherheit feststellen, daß sich so häufig treffende Übereinstimmungen ergeben, daß schon böser Wille oder Ignoranz notwendig sind, um hier noch von »reinem Zufall« sprechen zu können. Eine besonders kritische Zeit, in der Sie besser keine wichtigen Entscheidungen treffen und in der Sie nicht unnötig Riskantes unternehmen sollten, ist *3 Monate nach dem*

Kritische Zeit

Geburtstag. Da der April der 4. Monat im Jahr ist, rechnen wir einfach 4 + 3 und kommen so auf den 10.7. Die Zeit 5 Tage vor bis 5 Tage nach diesem Datum ist nun ein Zeitraum, während dessen besondere Vorsicht angebracht ist.

Die gleiche Konstellation gilt *9 Monate nach dem Geburtstag.* Bei unserem Beispieldatum wäre dies der 10.1., 4 + 9 = 13. Auch hier gilt wieder der Zeitraum plus/minus 5 Tage, somit der 5. bis 15.1.

Auf diese Weise haben Sie einfach und zuverlässig die beiden Zeiträume im Jahr bestimmt, in denen Sie besser nicht aktiv werden sollten, weil die Gefahr, Fehler zu machen, größer als sonst ist. Diese beiden Daten sind jedoch nicht durchweg problematisch, das gilt nur für das eigene Handeln und für Entscheidungen von großer Tragweite.

Positive Ereignisse

Dafür sind die Chancen, daß Ihnen Positives widerfährt, höher als sonst. Das mag wie ein Widerspruch klingen, ist es aber nicht: In den genannten Zeiträumen hat schon mancher eine Gehaltserhöhung bekommen, oder er erhielt einen wichtigen Brief, auf den er schon lange gewartet hatte. Möglicherweise schenkt Ihnen jemand etwas, oder Sie finden einen verlorengegangenen Gegenstand wieder. All dies sind jedoch Vorgänge, die Sie nicht direkt beeinflussen können. Man erlebt sie als glückliche Zufälle oder als das Ergebnis von Aktivitäten, die schon zurückliegen. Je offener Sie sind, je mehr Sie bereit sind, in diesen Tagen die Dinge einfach auf sich zukommen zu lassen, um so größer ist die Chance, daß aus Unglückstagen Glückstage werden.

Genauere Aussagen lassen sich treffen, wenn Sie berücksichtigen, daß die Konstellationen in den meisten Fällen am stärksten am berechneten Datum bis 2 Tage danach »wirken«. In unserem Beispiel wären das also der 10. bis 12. in den jeweiligen Monaten.

Glücks- und Unglücks-zahlen

Diese Aussagen lassen sich wiederum präzisieren, wenn Sie die im übernächsten Abschnitt beschriebenen persönlichen Glücks- und Unglückszahlen mit einbeziehen. Hierzu müssen Sie lediglich das Datum in eine ein- und eine zweistellige Zahl verwandeln. Greifen wir wieder auf unser Beispiel zurück und wählen den 10.10.1997. (Bei dieser Rechnung muß die Jahreszahl mit einbezogen werden.) Um zu einer ein- und einer zweistelligen Zahl zu gelangen, müssen Sie lediglich die Quersumme des Datums bilden, das heißt die einzelnen Ziffern addieren: 1 + 1 + 1 + 9 + 9 + 7 = 28; 2 + 8 = 10; 1 + 0 = 1. Der 10.10.1997 ergibt also zwei zweistellige und eine einstellige Zahl: 10, 28 und 1. Jetzt müssen Sie lediglich nachschauen, ob eine dieser Zahlen zu Ihren persönlichen Glücks- oder Unglücksdaten gehört. Da in unserem Beispiel der 10.10. der Stichtag des persönlichen Begegnungszeitraumes ist, ergeben sich folgende Deutungen:

- *Glückszahl:* deutlich erhöhte Wahrscheinlichkeit für positive zwischenmenschliche Kontakte und angenehme Erlebnisse im Partnerschaftsbereich;
- *Unglückszahl:* deutlich erhöhte Wahrscheinlichkeit für wichtige Erlebnisse im Begegnungsbereich, die jedoch nicht frei von Spannungen und Konflikten sein werden;

- *keine Zahl:* allgemein erhöhte Ereigniswahrscheinlichkeit im Begegnungsbereich, die jedoch nicht annähernd so groß ist wie die Auslösung durch Glücks- oder Unglückszahlen.

Wer es genau wissen möchte, berechnet die Zahlen für den gesamten Ereigniszeitraum.

Diese Technik ist sehr einfach. Überprüfen Sie einige Ereignisse der Vergangenheit, und machen Sie sich ein eigenes Bild von ihrer Treffsicherheit. Die besten Entsprechungen werden Sie bei der Übereinstimmung mit persönlichen Unglücks- oder Glückszahlen finden, die auf den Stichtag plus/minus zwei Tage fallen.

Was den Fisch im Lauf des Jahres erwartet

Vorhersage

Wohl jeder würde gern wissen, was die nächste Zukunft für ihn bereithält, erst recht, wenn er sich für Astrologie interessiert. Um eine allgemeine Übersicht zu erhalten, gibt es eine sehr einfache und effektive Methode: Merken Sie sich genau die Ereignisse am Tag vor Ihrem Geburtstag, am Geburtstag selbst und einen Tag nach dem Geburtstag. So, wie es Ihnen an diesen Tagen im kleinen geht, so verläuft im großen das darauffolgende Lebensjahr. Das heißt, der Tag vor dem Geburtstag entspricht dem ersten Jahresdrittel, der Geburtstag dem zweiten und der Tag nach dem Geburtstag dem dritten.

Ein Beispiel aus der Praxis: Ein junger Mann fiel bei Reparaturarbeiten an seinem Haus

Der Astronomus.

So bin ich ein Astronomus/
Erkenn zukünfftig Finsternuß/
An Sonn und Mond/durch das Gestirn
Darauß kan ich denn practiciern/
Ob künfftig komm ein fruchtbar jar
Oder Theuwrung und Kriegßgefahr/
Und sonst manicherley Kranckheit/
Milesius den anfang geit.

Astronomus: Bild von Jost Amman und Vers von Hans Sachs aus »Eygentl. Beschreibung Aller Stände auff Erden«, Frankfurt 1568 einen Tag vor seinem Geburtstag von einer Leiter und verstauchte sich ein Fußgelenk. Am Geburtstag mußte er gegen seine ursprüngliche Absicht arbeiten, da ein Kollege krank geworden war. Als er später heimkam, um mit seiner Frau endlich zu feiern, war er so überreizt, daß es zum Streit kam und der ganze Abend verdorben war. Am darauffolgenden Tag sorgte er dafür, daß er früher als sonst heim konnte. Er versöhnte sich mit seiner Frau, die beiden beschlossen spontan, den Abend nachzufeiern. Sie gingen aus und verstanden sich so gut wie schon lange nicht mehr. Der Streit war vergessen und begraben.

Beispiel

Zwei Monate später zog sich der junge Mann beim Skilaufen einen komplizierten Beinbruch zu, der ihn für sechs Monate arbeitsunfähig machte. Die ganze Zeit über war unklar, ob sein Bein wieder vollständig gesunden würde. Zusätzlich bedrückte ihn die Sorge um seinen Arbeitsplatz. Die erzwungene Untätigkeit und die Ungewißheit setzten ihm so zu, daß er phasenweise trank und das Verhältnis zu seiner Frau immer schlechter wurde. Im zweiten Jahresdrittel entlud sich die angespannte Situation in einem schlimmen Ehekrach. Nervlich am Ende und unter Alkoholeinfluß schlug er sogar seine Frau, was ihm sonst nie in den Sinn gekommen wäre. Noch am selben Abend zog diese zu einer Freundin. Der junge Mann verfiel jetzt kurzzeitig vollständig dem Alkohol. Er änderte seine Lebensweise jedoch radikal, als der Gips entfernt wurde und sich zeigte, daß sein Bein vollständig verheilt war. Er hatte nicht, wie befürchtet, seinen Arbeitsplatz verloren. Sofort stellte er seinen übermäßigen Alkoholkonsum ein. All dies gab ihm die Kraft, einzusehen, in welchem Maße er selbst zu der traurigen Entwicklung in seiner Ehe beigetragen hatte. Er bemühte sich darum, seine Frau zurückzugewinnen, was ihm auch schließlich gelang. Drei Monate vor seinem Geburtstag kam es zu einem ausgedehnten Treffen zwischen beiden, bei dem sie zum erstenmal offen über die Probleme in ihrer Ehe sprachen. Nach der Aussöhnung verstanden sich beide besser als je zuvor.

Zugegeben, nicht immer sind die Entsprechungen so offensichtlich wie in diesem Bilderbuchbeispiel. Aber glücklicherweise werden wir ja auch nicht jedes Lebensjahr von solch dramatischen Ereignissen gebeutelt. Wer sich die Mühe macht und die Ereignisse um vergangene Geburtstage mit denen der darauffolgenden Lebensjahre vergleicht, lernt schnell, diese Zusammenhänge zu sehen und zu verstehen. Mit ein wenig Kreativität können Sie dann auch Ihren letzten Geburtstag untersuchen und eine Prognose für das laufende Lebensjahr wagen. Wer es noch genauer wissen möchte, der sei auf den nachfolgenden Abschnitt verwiesen.

Zusammenhänge verstehen

Nur einen Fehler sollten Sie unbedingt vermeiden: Lassen Sie sich nicht ins Bockshorn jagen, Bangemachen gilt nicht. Verderben Sie sich nicht zukünftige Geburtstage durch die Angst vor jedem noch so kleinen Mißklang! Wer derartige Zusammenhänge zu ernsthaft und besorgt betrachtet, geht in die Falle lebensfeindlichen Aberglaubens. Das ist nicht der Sinn der Sache. Eine neugierig-humorvolle Herangehensweise ist hier sicherlich das beste Gegenmittel.

Aberglaube

Die persönlichen Glücks- und Unglückszahlen

Die Glückszahlen der Fische sind wie beim Schützen die 3 und die 12. Das gilt auch für alle Zahlen, die auf die Ziffer 3 enden sowie deren Vielfaches. Das heißt, für Fische-Geborene sind zum Beispiel das 3., das 12., das 15., das 36., das 42. und das 48. Lebensjahr von entscheidender Bedeutung, meist im positiven Sinne. Durch den neuen Herrscher der Fische, Neptun, kommt noch die 13 hinzu. Für sie gilt sinngemäß das gleiche, was über die Jupiter-Zahlen 3 und 12 gesagt wurde.

Günstige Tage

Wer möchte, kann diese Entsprechungen auf die Tage eines Monats anwenden. Hier wären also zum Beispiel der 3., der 12. und der 24. besonders günstig. Von noch größerem Vorteil ist es, wenn ein solches Datum auf einen Donnerstag fällt, weil Jupiter, der Nebenherrscher der Fische, Regent dieses Tages ist.

Eine weitere Steigerung ist möglich, wenn die Quersumme des untersuchten Datums ebenfalls 3 beträgt. Die Quersumme finden wir, wie gesagt, indem wir die Ziffern eines Datums einfach zusammenzählen.

Beispiel: 3.1.1970 = 3 + 1 + 1 + 9 + 7 + 0 = 21. 2 + 1 = 3

Natürlich läßt sich dieses Spiel auch anwenden auf Autonummern, Hausnummern oder die Zahlen, auf die man beim Roulette setzt. Allerdings kann man alles so übertreiben, daß aus einer guten Sache eine schlechte wird.

Unglückszahlen

Die Unglückszahl der Fische ist die 6. Die Anwendungsregeln sind die gleichen wie bei den Glückszahlen. Auch hier sollte man Übertreibungen vermeiden. Nur ein ausgesprochen dummer Fisch läßt sich etwa den Partner seiner Träume durch die Lappen gehen, weil dieser zum Zeitpunkt des Kennenlernens 26 Jahre alt war.

Der aufmerksame Leser wird bemerkt haben, daß es Zahlen geben muß, die gleichzeitig Glücks- und Unglückszahlen sind, zum Beispiel 30 (5 × 6). Hier ist anzumerken, daß die Quersumme immer bedeutsamer ist als die letzte Ziffer. Die letzte Ziffer wiederum ist dominanter als die Vielfachen. Die 30 ist hier also eher positiv zu werten, da die Quersumme 3 ergibt.

Ergänzungs- und Begegnungszahlen

Zu guter Letzt in diesem Zusammenhang soll noch die Ergänzungs- oder Begegnungszahl erwähnt werden. Diese ist bei den Fischen ebenfalls die 6. Alle Daten, die auf 6 enden und/oder als Quersumme 6 ergeben, sind für Begegnungen und zwischenmenschliche Kontakte aller Art besonders geeignet. Hier ergibt sich also der Sonderfall, daß Begegnungs- und Unglückszahl identisch sind. Daraus sollten Sie aber nicht allzu weitreichende Negativschlüsse gezogen werden. (Auch Fische haben Glück in der Liebe!)

Jupiter regiert die Zeichen Fische und Schütze

Der Fisch und sein Umfeld

Der Fisch und die anderen

Eigenschaften

Empfindsamkeit, Sanftheit und Einfühlungsvermögen haben Fische mehr als genug. Alles Eigenschaften, die sie bei ihren Mitmenschen beliebt und begehrt machen. Besonders herausragend ist ihre Fähigkeit, anderen zuzuhören, und allein diese Tatsache ist schon Grund genug, daß viele den Kontakt zu ihnen suchen und finden, denn ein Fisch wird niemanden zurückweisen. Allerdings versuchen viele Fische ihr weiches Wesen zu verstecken und sich ein wenig so zu geben, wie man sich ihre Namenszwillinge im Tierreich vorstellen mag: glitschig, kalt, scheu und unnahbar. Das hat einfach mit ihren Schwierigkeiten, sich abzugrenzen, zu tun. Sie können nicht nein sagen, wenn man sie fragt, also versuchen sie Bedingungen zu schaffen, in denen man sie möglichst selten bittet, damit sie noch zu etwas anderem in ihrem Leben kommen, als die Betschwester für die seelischen Kümmernisse ihrer Mitmenschen zu sein.

Eifersucht

Eine der beunruhigenden Eigenschaften der Fische ist ihre Bereitschaft, unter den merkwürdigsten Umständen auf andere einzugehen. Partner haben hier sehr oft mit meist unbegründeter Eifersucht zu kämpfen. Fische sind naiv, und sie halten nicht viel von Konventionen. All dies kann im Extremfall dazu führen, daß eine glücklich liierte Frau nachts mit einem entfernten Bekannten in seine Wohnung geht, um sich seine Briefmarkensammlung anzuschauen. Falls der Bekannte Hintergedanken hatte, wird sich die Situation allerdings schnell zu seinen Ungunsten verändern. Die Fische-Frau wird ihn so heftig mit seinem Vertrauensmißbrauch konfrontieren, daß er sie schnellstens unter größten Schuldgefühlen wieder ziehen läßt.

Unbedarftheit

Typische Fische sind tatsächlich fast ein Leben lang so offen und unbedarft, daß sie schlüpfrige und halbseidene Anspielungen einfach nicht verstehen. Sie mit einer bestimmten Sorte Witze unterhalten zu wollen, ist daher vollständig aussichtslos. Sie werden die Pointe nicht verstehen; und wenn man sie ihnen erklärt, finden sie sie nicht lustig. Dabei sind Fische durchaus verführbar. Ihre emotionale Offenheit und ihre Beeindruckbarkeit lassen sie relativ leicht in Situationen kommen, die zu dem Sprichwort »Gelegenheit macht Liebe« passen. Wer mit einem Fisch verbunden ist, hat es daher nicht leicht, den richtigen Abstand zu finden: Zuviel Nähe erdrückt ihn, und zuviel Freiraum treibt ihn womöglich der Konkurrenz in die Arme.

Offenheit

Man kann einen Fisch kaum einsperren, seine extravertierte Seite ist so offen für andere, daß man ein Stück weit damit leben muß. Letztlich funktioniert seine Verführbarkeit sowieso nur in dem Rahmen, den er zuzulassen bereit ist. In der Regel ist ein Fisch alles andere als der Typ, der hilf- und wehrlos dem Charme eines anderen erliegt. Wenn ein Fisch aus einer Partnerschaft ausbricht und die Beziehung gefährdet, liegen fast immer Gründe vor, die ihn sowieso schon nach einem Fluchtweg suchen ließen. Der scheinbare Verführer ist also nur Anlaß und keineswegs der Grund, Abstand zum Partner zu schaffen. Es ist also alles andere als einfach, einen Fisch aus einer intakten Beziehung loszueisen. So mancher Don Juan und mancher Vamp haben sich an dieser Aufgabe schon die Zähne ausgebissen.

Ein Teil der Fische-Seele wird allerdings immer nur ihm selbst gehören und für jeden anderen unerreichbar bleiben, auch für den Partner. Er wird Träume und Visionen haben, die er mit niemandem teilen will und kaum mitteilen kann. Er wäre noch nicht einmal in der Lage, sie in Worte zu fassen.

Visionen

Einen Fisch immer wieder danach zu fragen, was er denkt, wenn er seinen in sich gekehrten Blick aufsetzt oder auf eine Frage aus lauter Geistesabwesenheit nicht antwortet, ist ein freudloses und immer zum Scheitern verurteiltes Unterfangen. Meist weiß er es selbst nicht so genau, und wenn, wird er nicht darüber sprechen wollen. Für krankhaft Eifersüchtige kann dies eine zu hohe Hürde sein. Oft sind Fische-Geborene überhaupt nicht in der Lage, sich und ihre Gefühle zu erklären.

Sie denken, fühlen und kommunizieren daher oft in Bildern und Symbolen. Symbole haben die ganz außerordentliche Eigenschaft, gleichzeitig eine Vielzahl von Bedeutungen zu transportieren. Das entspricht dem Wesen der Fische. Sie nehmen die Welt nicht auf eine Art wahr, sondern auf so viele Weisen gleichzeitig, daß es unsinnig wäre, sie auf eine Aussage festnageln zu wollen. Daß ihre Äußerungen dadurch ein wenig konturlos und verschwommen werden, liegt in der Natur der Sache und ist unvermeidlich.

Bilder und Symbole

Wenn man sie im Ozean ihrer zutiefst vielschichtigen Gefühle ungestört treiben läßt, sind sie glücklich und werden freiwillig und gern immer wieder zu den Menschen zurückkehren, die sie lieben. Wer jedoch versucht, sie allzusehr einzusperren, dem schwimmen sie davon, und sie kommen niemals wieder.

Freiheit

Wie kann's der Fisch mit den übrigen Tierkreiszeichen?

Entgegen der allgemein verbreiteten Meinung gibt es keine bestimmten Tierkreiszeichen, die automatisch gut zusammenpassen, während sich andere überhaupt nicht verstehen. Dies liegt nicht nur daran, daß unser Sonnenzeichen nur *ein* Aspekt unter vielen in unserem Horoskop ist. Entscheidend ist ganz einfach der gute Wille zweier Menschen: Ein Liebespaar, das glücklich verliebt ist, wird sich kaum darum scheren, ob es aus astrologischer Sicht miteinander harmoniert oder nicht. Umgekehrt können Menschen Todfeinde sein, die der Theorie nach doch gut zusammenpassen müßten. Dennoch sind allgemeine Hinweise sinnvoll und nützlich, um feststellen zu können, wo Stolpersteine im Umgang miteinander liegen können und wo es besondere Chancen gibt.

♓ – ♈

Fische – Widder

Diese beiden Tierkreiszeichen sind sich so fremd, daß man fast glauben könnte, sie kämen von verschiedenen Planeten. Dennoch sind die Aussichten für eine harmonische Partnerschaft nicht hoffnungslos: Zum einen können andere Horoskopfaktoren, insbesondere Aszendent und Mond, einen Ausgleich schaffen, zum anderen kann Wesensfremdheit in günstigen Fällen die Neugier kräftig anheizen.

Wesensfremdheit

Fische sind nur äußerst selten Kämpfernaturen, jede Form der Auseinandersetzung ist ihnen zuwider, und Streit und Gewalt sind ihnen ein echter Greuel. So tun sie sich anfangs schwer mit dem Widder-Temperament, das noch ganz von den Gesetzen des Dschungels geprägt ist: »fressen und gefressen werden«. Der Widder wird alles tun, um nicht zu denen zu gehören, die »gefressen« werden.

Fische hingegen sind Idealisten, sie weigern sich, daran zu glauben, daß es nicht für jedes Problem eine friedliche und einvernehmliche Lösung gibt. Sie sind davon überzeugt, daß alles nur eine Frage des guten Willens und der Toleranz ist.

Diese Einstellung erscheint dem Widder – gelinde gesagt – ein wenig weltfremd, er kann darin bestenfalls eine schöne Utopie sehen, von deren Verwirklichung wir noch Lichtjahre entfernt sind.

Was beide Zeichen miteinander verbindet, ist jedoch ihr tiefverwurzelter Gerechtigkeitssinn. Die Fische sind nicht so unrealistisch, zu glauben, daß es in unserer Welt keine Unterdrückung, keine Diskriminierung oder keine Benachteiligung von Schwachen gäbe. Zwar sind sie davon überzeugt, daß mit Aufklärung und Verhandlungen diese Probleme langfristig gelöst werden können, doch kann sich ein Widder

Gemeinsamkeit

ihrer Sympathie sicher sein, der sich für die Rechte anderer einsetzt, auch wenn sie mit der Wahl der Mittel nicht immer einverstanden sind.

Das Fische-Temperament irritiert einen echten Widder sehr: In Situationen, in denen er schon wie das berühmte HB-Männchen vor Zorn und Wut an der Decke klebt, sitzt der Fisch immer noch in aller Ruhe am Tisch und diskutiert mit dem vermeintlichen Bösewicht. Viele beleidigende und ehrenrührige Äußerungen wird ein Fisch gar nicht als solche empfinden – er fühlt sich einfach nicht gemeint. Ein Widder fühlt sich immer betroffen – daher die so unterschiedlichen Reaktionen auf ein und dieselbe Situation.

So kann ein Widder vom Fisch mehr innere Gelassenheit lernen, das ist gut für den Blutdruck, die Nerven und ein friedliches Zusammenleben. Der Fisch hingegen kann sich ein wenig mehr praktischen Realitätssinn erwerben, schließlich nützt die schönste Utopie nichts, wenn jemand gerade damit beschäftigt ist, einem die Geldbörse zu klauen.

Toleranz

In Partnerschaften ist die größte Herausforderung gegenseitige Toleranz. Der Widder braucht die Konfrontation, die direkte Auseinandersetzung, an der er sich reiben kann. Beim Fisch hat er da keine Chance, dieser wird sich niemals auf einen offenen Streit einlassen, zum einen, weil das nicht seine Art ist, zum anderen, weil er weiß, daß er so gegen den Widder nur verlieren kann. Er wird in den meisten Fällen dem Widder einfach recht geben und ihm kampflos das Terrain überlassen. Das Ergebnis ist für den Widder verheerend: Er fühlt sich wie ein Boxer, dessen Gegner zu Beginn der ersten Runde ohnmächtig wird, bevor auch nur ein Schlagabtausch stattgefunden hat. Zwar hat er gewonnen, doch der Sieg schmeckt schal und kann nicht befriedigen. Der Fisch hingegen setzt seine Interessen so geschickt durch, daß der Widder überhaupt nicht merkt, daß eine Auseinandersetzung stattgefunden hat. Unbemerkt hat er sich die Ansichten des Fische-Partners zu eigen gemacht und vertritt nun dessen Interessen voller Überzeugung als die eigenen. Der letzte, der gegen diese Situation etwas unternehmen würde, ist natürlich der Fisch.

Auseinandersetzung

In der Folge hat der Widder nicht ganz zu Unrecht das Gefühl, daß er gegen den Fisch nicht ankommt. Er fühlt sich dann schnell untergebuttert, ohne jedoch genau sagen zu können, was das eigentliche Problem ist. Doch zum Glück wissen Fische ganz genau, daß für eine harmonische Partnerschaft beide Seiten zufrieden sein müssen, keiner darf sich zu kurz gekommen fühlen.

Lösung

Die häufigste Lösung, die Fische-Widder-Paare finden, liegt darin, daß Freunden gegenüber oder bei gemeinsamen gesellschaftlichen Unternehmungen der Widder nach Herzenslust dominieren darf. Dies schafft oft einen fairen Ausgleich für seine Unterlegenheitsgefühle im Privatleben.

♓ – ♉

Fische – Stier

Dies ist – ähnlich wie die Fische-Krebs-Partnerschaft – eine der interessantesten Verbindungen zwischen zwei Tierkreiszeichen. Stier und Fische sind ausreichend verschieden, um sich nicht in die Quere zu kommen, und doch ähnlich genug, um hervorragend zusammenzupassen.

Ähnlichkeit

Die wenigen Stiere, die probieren, einen Fische-Geborenen herumzukommandieren, geben diesen zum Scheitern verurteilten Versuch sehr bald wieder auf. Fische lassen sich von jedem Vorschriften machen – um sie auf der Stelle wieder zu vergessen. Wenn es ein Tierkreiszeichen gibt, das gegen autoritäres Auftreten und Sturheit bei anderen immun ist, dann dieses.

Stiere halten grundsätzlich nichts von raffinierten Manipulationen – was einer nicht freiwillig tut, soll er eben lassen. Das mag nicht unbedingt für das Berufsleben gelten, aber für ihren persönlichen Umgang.

Faszination

Was einen Fisch an einem Stier fasziniert, ist der Charme der Unverblümtheit. Fische-Geborene sind es gewohnt, mit eleganten Lügen umzugehen, sie wissen, wie man sich solchen Menschen entzieht, die einem Schuldgefühle einreden wollen, und sie können sich gegen Erpressungen zur Wehr setzen. Wenn einer jedoch geradeheraus sagt, was er denkt und will, sind sie erst einmal sprach- und anschließend wehrlos. Nicht umsonst spricht man hier von entwaffnender Offenheit. Viele Fische sind von dieser Charaktereigenschaft des Stiers so fasziniert, daß diese bereits ausreicht, um sich in ihn zu verlieben. Der Stier schätzt am Fische-Geborenen wiederum das Außergewöhnliche und Exotische. Für Stiere sind Fische wie Paradiesvögel in einer ansonsten grauen Alltagswelt. Der Stier bewundert die Fähigkeit des Fischs, sich gesellschaftlichen Konventionen zu entziehen, und er ist fasziniert von dessen Mut zum eigenen Stil. So verbindet diese so verschiedenen Charaktere schon zweierlei: die Abneigung gegen jede Form von Anpassung und Unterdrückung und der Mut, auch gegen äußeren Widerstand seinen eigenen Weg zu gehen.

Freiräume

In Partnerschaften, die auf Dauer angelegt sein sollen, ist es selten ein Problem, daß sich beide genügend Freiheiten einräumen, dies ist für zwei so eigenständige Naturelle eine der leichtesten Übungen. So manche erfolgversprechende Partnerschaft ist allerdings schon daran gescheitert, daß der Fisch zu lange zauderte und sich weder zu einem klaren »Ja« noch zu einem eindeutigen »Nein« durchringen konnte. Zwar kämpft der Stier engagiert um sein Glück, doch seine Geduld währt nicht ewig. So hat es schon häufiger Fälle gegeben, in denen das lang ersehnte »Ja« des Fischs um einige Tage zu spät kam.

Paare dieser Konstellation sollten deshalb genau prüfen, ob sie beieinanderbleiben wollen, sich bei der Entscheidung jedoch nicht unnötig viel Zeit lassen. Sonst entscheiden sich die Dinge von allein, ohne daß dies immer im Sinne der Beteiligten wäre.

♓ – ♊

Fische – Zwillinge

Gegensätze

Zwillinge und Fische sind von ihrem Wesen her eher gegensätzlich. Doch das Fremde macht bekanntlich auch neugierig. Mit ein

Ergänzung

wenig gutem Willen können sich die beiden Partner ergänzen, wenn erst einmal genügend Verständnis füreinander aufgebaut wurde.

Zwillinge unterliegen häufig dem Irrtum, sich einem Fisch gegenüber überlegen zu fühlen, da sie dazu neigen, selbstbewußter aufzutreten. Es braucht eine Weile, bis sie merken, daß sie vielleicht schneller und mit größerer Lautstärke handeln, aber nicht unbedingt effizienter. Wo der Zwilling spontan und voller Begeisterung, ohne groß nachzudenken, loslegt, wartet der Fisch oft erst einmal ab und verläßt sich auf seinen Instinkt. Unter dem Strich beginnt der Zwilling vieles, nur um damit auf die Nase zu fallen. Fische mögen träger sein, aber sie brauchen auch weniger Kraft, um die Folgen ihrer Fehler auszubügeln – einfach weil sie weniger davon machen. Der Zwillinge-Partner muß lernen, für eine erfolgreiche Partnerschaft seine Flatterhaftigkeit zurückzuschrauben. Der Fisch hingegen ist gefordert, sich von der Wortgewandtheit des Zwillings nicht einschüchtern zu lassen. Oft erliegt er dem Trugschluß, daß sein Gegenüber praktisch alles weiß und kann und es kein Problem gibt, das dieser nicht in kürzester Zeit lösen könnte. Staunend nimmt der Fisch den Mut und das scheinbare Selbstbewußtsein des Zwillings zur Kenntnis, während er selbst eher vorsichtig und bedächtig zu Werke geht. Sehr schnell findet er jedoch heraus, daß der Zwilling ein wenig dazu neigt, zu handeln, bevor er nachgedacht hat. Auch dessen Hang, die Dinge in einem für ihn günstigen Licht erscheinen zu lassen, entgeht dem Fisch nicht. So weicht die Bewunderung bald einer eher kritischen Haltung, und mit Kritik tun sich Zwillinge nicht gerade leicht.

Wenn beide fähig und willens sind, diese Klippen zu umschiffen, können sich in dieser Verbindung Spontaneität und Intuition, Lebensfreude, Risikobereitschaft und Sensibilität auf faszinierende Weise ergänzen. Der Weg zu einer tragfähigen Beziehung braucht ein wenig guten Willen und die Bereitschaft, sich gegenseitig nichts vorzuspielen. Dann ist alles möglich, was zwei Menschen aneinander faszinieren und miteinander verbinden kann.

Gute Kombination

♓ – ♋

Fische – Krebs

Dies ist – ähnlich wie die Fische-Stier-Partnerschaft – eine der interessantesten und erfolgversprechendsten Verbindungen zwischen zwei Tierkreiszeichen. Auch Krebs und Fische sind verschieden genug, um sich nicht zu behindern, und einander doch so ähnlich, daß sie hervorragend zusammenpassen.

Ähnlichkeit

Die wenigen Krebs-Geborenen, die probieren, einen Fische-Geborenen herumzukommandieren, geben diesen zum Scheitern verurteilten Versuch so schnell wie etwa auch die Stiere wieder auf. Fische lassen sich von jedem Vorschriften machen – nur um sie auf der Stelle zu vergessen. Wie gesagt: Wenn es ein Tierkreiszeichen gibt, das gegen autoritäres Auftreten und Sturheit bei anderen immun ist, dann dieses.

Auch Krebse halten in Partnerschaften nichts von raffinierten Manipulationen – was einer nicht freiwillig tut, soll er eben lassen.

Faszination

Was einen Fisch an einem Krebs fasziniert, ist seine Wahrheitsliebe und sein Mitgefühl. Fische sind es gewohnt, mit charmanten Lügen umzugehen, sie wissen, wie man sich solchen Menschen entzieht, die einem Schuldgefühle machen wollen, und sie können sich gegen Erpressungen zur Wehr setzen. Wenn einer aufrichtig und mit offenem Herzen sagt, was er denkt und will, sind sie erst einmal sprach- und anschließend wehrlos. Nicht umsonst spricht man hier von entwaffnender Offenheit. Viele Fische sind von dieser Charaktereigenschaft des Krebses wie des Stiers so fasziniert, daß dies bereits ausreicht, um sich in sie zu verlieben. Der Krebs schätzt am Fisch wiederum das Undurchschaubare und Geheimnisvolle. Für ihn ist der Fisch wie ein spannendes Rätsel in einer ansonsten grauen und langweiligen Alltagswelt. Der Krebs bewundert die Fähigkeit des Fisches, sich gesellschaftlichen Konventionen zu entziehen und verletzende Bemerkungen durch andere einfach zu ignorieren. So verbindet diese Charaktere schon zwei Dinge: die Abneigung gegen jede Form von Anpassung und Unterdrückung und der

Verbindung

Mut, auch gegen äußeren Widerstand seinen eigenen Weg zu gehen.

♓ – ♌

Fische – Löwe

Diese beiden Tierkreiszeichen sind sich ganz fremd. Dennoch sind die Aussichten auf eine harmonische Partnerschaft nicht hoffnunglos:

Zum einen können – wie etwa bei der Fische-Widder-Verbindung – andere Horoskopfaktoren, insbesondere Aszendent und Mond, einen Ausgleich schaffen, zum anderen kann Wesensfremdheit in günstigen Fällen die Neugier kräftig anheizen.

Auseinandersetzung

Fische sind wie gesagt nur äußerst selten Kämpfernaturen, jede Form der Auseinandersetzung ist ihnen zuwider, und Streit und Gewalt sind ihnen ein echter Greuel. Daher tun sie sich anfangs auch mit dem Löwe-Temperament schwer, das wie der Widder zu den Feuerzeichen gehört und das wie er noch ganz von den Gesetzen des Dschungels geprägt ist: »fressen und gefressen werden«. Auch der Löwe wird, wie der Widder, alles tun, um nicht zu denen zu gehören, die »gefressen« werden. Deshalb ist er ja schließlich der König der Tiere.

Fische hingegen sind Idealisten und weigern sich, daran zu glauben, daß es nicht für jedes Problem eine friedliche und einvernehmliche Lösung gibt. Sie sind davon überzeugt, daß alles nur eine Frage des guten Willens und der Toleranz ist.

Diese Einstellung erscheint dem Löwen – ebenso wie etwa dem Widder – gelinde gesagt ein wenig weltfremd, auch er kann darin bestenfalls eine schöne Utopie sehen, von deren Verwirklichung wir noch weit entfernt sind.

Gerechtigkeitssinn

Was beide Zeichen miteinander verbindet, ist jedoch ihr tiefverwurzelter Gerechtigkeitssinn. Die Fische sind wie gesagt nicht so unrealistisch, zu glauben, daß es in unserer Welt keine Unterdrückung, keine Diskriminierung oder keine Benachteiligung von Schwachen gäbe. Zwar sind sie davon überzeugt, daß mit Aufklärung und Verhandlungen diese Probleme langfristig gelöst werden können, doch kann sich ein Löwe ihrer Sympathie sicher sein, der die Rechte Schwächerer verteidigt, auch wenn die Fische mit der Wahl der Mittel nicht immer einverstanden sind.

Sympathie

Das Fische-Temperament irritiert einen echten Löwen – ebenso wie etwa einen typischen Widder – sehr: In Situationen, in denen er sich in seiner Existenz bedroht fühlt und bereit ist, um sein Leben zu kämpfen, sitzt der Fisch immer noch in aller Ruhe am Tisch und diskutiert mit dem vermeintlichen Aggressor. Viele beleidigende und ehrenrührige Äußerungen wird ein Fisch wie gesagt gar nicht als solche empfinden – er fühlt sich einfach nicht gemeint.

Ein Löwe fühlt sich immer und grundsätzlich angesprochen und schnell angegriffen – daher die so unterschiedlichen Reaktionen auf ein und dieselbe Situation.

So kann auch ein Löwe vom Fisch mehr innere Gelassenheit lernen, das ist gut für den Blutdruck, die Nerven und ein friedliches Zusammenleben. Der Fisch hingegen hat die Möglichkeit, sich ein wenig mehr praktischen Realitätssinn zu erwerben.

Toleranz

In Partnerschaften ist auch hier die größte Herausforderung gegenseitige Toleranz, das gilt vor allen Dingen für den Löwen, denn Fische sind normalerweise die Toleranz in Person. Der Löwe braucht die Konfrontation, die direkte Auseinandersetzung, in der er sich reiben kann. Hier hat er beim Fisch keine Chance, dieser wird sich niemals auf einen offenen

Streit einlassen, zum einen, weil dies nicht seine Art ist, zum anderen, weil er weiß, daß er so gegen den Löwen nur verlieren kann. Daher wird er in den meisten Fällen dem Löwen einfach recht geben und ihm kampflos das Terrain überlassen. Das Ergebnis ist für diesen – ähnlich wie für den Widder – verheerend: Er fühlt sich wie ein Boxer, dessen Gegner zu Beginn der ersten Runde ohnmächtig wird, bevor auch nur ein Schlagabtausch stattgefunden hat. So hat er zwar gewonnen, doch der Sieg schmeckt schal. Der Fisch hingegen setzt seine Interessen so geschickt durch, daß der Löwe überhaupt nicht merkt, daß eine Auseinandersetzung stattgefunden hat. Unbemerkt hat auch er sich die Ansichten des Fische-Partners zu eigen gemacht und vertritt nun dessen Interessen voller Überzeugung als die eigenen. Der letzte, der gegen diese Situation etwas unternehmen würde, ist hinwiederum natürlich der Fisch.

Streitverhalten

Nicht ganz zu Unrecht hat auch der Löwe das Gefühl, daß er gegen den Fisch nicht ankommt. Er fühlt sich dann schnell untergebuttert, ohne jedoch genau sagen zu können, was das eigentliche Problem ist. Doch zum Glück wissen Fische ganz genau, daß für eine harmonische Partnerschaft beide Seiten zufrieden sein müssen.

Lösung

Und auch hier stimmen Fische-Löwe- mit Fische-Widder-Paaren überein: Die häufigste Lösung, die sie finden, liegt darin, daß Freunden gegenüber oder bei gemeinsamen gesellschaftlichen Unternehmungen der Löwe nach Herzenslust dominieren darf. Dies schafft oft einen fairen Ausgleich für seine merkwürdigen Unterlegenheitsgefühle im Privatleben.

♓ – ♍

Fische – Jungfrau

Wenn zwei Tierkreiszeichen wie füreinander geschaffen sind, dann diese. Die Jungfrau als disziplinierter Kopfmensch sehnt sich im Grunde ihres Herzens nach einem hingebungsvollen, gefühlsbetonten und ein wenig irrationalen Partner. Der Fisch wünscht sich ein zuverlässiges Gegenüber, das den Herausforderungen des Lebens entschlossen entgegentritt und ihm ein wenig Halt in der Brandung des Alltags gibt. Beide glauben fest daran, daß die wahre Liebe alle Hindernisse überwindet. Und für diese Konstellation ist das auch bestimmt richtig. Mag sein, daß ihre Freunde und Bekannten über die beiden nur ungläubig den Kopf schütteln und sich fragen, was zwei so unterschiedliche Menschen nur aneinander finden können, der eine nüchtern und sachlich, der andere irrational und verträumt. Doch gilt für die beiden das Sprichwort »Gegensätze ziehen sich an« in uneingeschränktem Maße. Sie passen tatsächlich zusammen wie der Schlüssel und das Schloß. So nimmt es auch nicht wunder, daß hier die Liebe auf den ersten Blick öfter vorkommt als bei anderen Tierkreiszeichen-Verbindungen. Man kann sogar sagen, daß sich solche Paare entweder auf Anhieb hervorragend verstehen oder gar nicht. Zwar mag es aus verschiedenen Gründen eine Weile dauern, bis die beiden endgültig zueinanderfinden, doch ist die Entscheidung in Wahrheit schon beim ersten Zusammentreffen gefallen.

Sehnsucht

Gegensätze

Die LIEBENDEN

Echte Partnerschaften zwischen diesen Zeichen sind so gut wie immer außergewöhnlich leidenschaftlich. Dies schließt natürlich sowohl Auseinandersetzungen und Streit wie auch Eifersucht mit ein. Doch gefährdet das auch eine Partnerschaft keineswegs, vielmehr intensiviert es die Gefühle füreinander noch.

Am besten verstehen sich die beiden, wenn sie ungestört miteinander allein sind. Nur selten wird sich der Freundeskreis des Fische-Partners problemlos mit dem der Jungfrau verstehen und umgekehrt, die beiden sind – aus der Sicht Außenstehender – einfach zu verschieden. Doch das ist weiter kein Problem, da sie sowieso ihre gemeinsame Zeit so intensiv wie möglich nutzen möchten, und da wären Dritte nur störend.

Verschiedenheit

Im Laufe der Jahre schafft sich das Paar einen neuen, gemeinsamen Freundeskreis, doch ist es für eine harmonische Partnerschaft auch wichtig, daß keiner der beiden seine alten Bekanntschaften aufgibt. Das verhindert, daß sich die zwei zu sehr aufeinander fixieren. Auf diese Weise kann eine Beziehung noch nach vielen Jahren so intensiv und temperamentvoll wie am Anfang sein.

♓ – ♎

Fische – Waage

Diese beiden Tierkreiszeichen leben meist in so unterschiedlichen Welten, daß sie sich selten über den Weg laufen oder gar ineinander verlieben. Treffen sie dennoch aufeinander, so sind die Aussichten für eine harmonische Partnerschaft nicht hoffnungslos, Gegensätze ziehen sich nun einmal an, und das Fremde macht oft neugierig und wird als interessant empfunden. Außerdem sind beide Seiten nur selten die geborenen Streithähne, Streit und Gewalt sind ihnen meist ein echter Greuel. Das ist immerhin schon eine gemeinsame Grundlage, die es außerdem erleichtert, Mißverständnisse zu klären und anschließend zu vermeiden.

Gute Chancen

Gemeinsame Grundlage

Waagen unterliegen häufig dem Irrtum, sich dem Fisch gegenüber überlegen zu fühlen, da sie dazu neigen, selbstbewußter aufzutreten. Sie halten sich für realistischer und glauben, mit dem Leben im allgemeinen und dem Umgang mit anderen besser zurechtzukommen. Unter dem Strich beginnt die Waage jedoch vieles, nur um auf halber Strecke aufzugeben oder es sich anders zu überlegen. Fische mögen träger und irrationaler sein, aber sie brauchen auch weniger Kraft, um die Folgen ihrer Fehler auszubügeln – einfach weil sie weniger Fehler machen.

Für eine erfolgreiche Beziehung muß der Waage-Partner lernen, seine Flatterhaftigkeit zurückzuschrauben. Der Fisch hingegen ist gefordert, sich vom Charme und der Wortgewandtheit der Waage nicht einschüchtern zu lassen. Oft erliegt er dem Trugschluß, daß sein Gegenüber es sich leisten kann, alles im Leben auf die leichte Schulter zu nehmen. Sehr schnell findet er jedoch heraus, daß die Waage sich gern ausgeglichener und souveräner gibt, als sie in Wahrheit ist. Dabei hat sie nicht weniger Probleme als ein Fisch, sie kann sie nur besser kaschieren. Auch ihr Hang zur Eitelkeit und Selbstgefälligkeit entgeht dem Fisch auf Dauer nicht. So weicht die Bewunderung bald einer eher kritischen Haltung, und mit Kritik tun sich Waagen schwer.

Ergänzung

Wenn beide fähig und willens sind, diese Klippen zu umschiffen, können sich die Charaktere hervorragend ergänzen. Dann ist alles möglich, was zwei Menschen aneinander faszinieren und miteinander verbinden kann.

♓ – ♏

Fische – Skorpion

Interessante Verbindung

Dies ist – ähnlich wie die Kombination Fische/Stier oder Fische/Krebs – eine der interessantesten Verbindungen zwischen zwei Tierkreiszeichen. Fische- und Skorpion-Geborene sind verschieden genug, um sich nicht in die Quere zu kommen, und einander doch so ähnlich, um hervorragend zusammenzupassen.

Die wenigen Skorpione, die probieren, einen Fisch herumzukommandieren, geben diesen zum Scheitern verurteilten Versuch sehr schnell wieder auf. Fische lassen sich von jedem Vorschriften machen – um sie auf der Stelle zu vergessen. Wenn es ein Tierkreiszeichen gibt, das gegen autoritäres Auftreten und Sturheit bei anderen immun ist, dann dieses. Entwickelte Skorpione halten nur in echten Notfällen etwas von raffinierten Manipulationen – was einer nicht freiwillig tut, soll er eben lassen. Das mag nicht unbedingt für das Berufsleben gelten, aber für ihren persönlichen Umgang.

Faszination

Was einen Fische-Geborenen an einem Skorpion fasziniert, ist der Charme der Unverblümtheit und das Charisma bedingungsloser Konsequenz. Fische sind es wie gesagt gewohnt, mit schmeichelhaften Lügen umzugehen, sie wissen, wie man sich Menschen entzieht, die einem Schuldgefühle machen wollen, und sie können sich gegen Erpressungen zur Wehr setzen. Wenn einer jedoch geradeheraus sagt, was er denkt und will, sind sie erst einmal sprach- und anschließend wehrlos. Nicht umsonst spricht man hier von entwaffnender Offenheit. Viele Fische sind von dieser Charaktereigenschaft des Skorpions – wie auch des Stiers und des Krebses – so fasziniert, daß dies bereits ausreicht, um sich in ihn zu verlieben. Der Skorpion schätzt am Fisch wiederum das Außergewöhnliche und Exotische. Auch für den Skorpion ist der

Anziehung

Fisch wie ein Paradiesvogel in einer ansonsten grauen Alltagswelt. Er bewundert die Fähigkeit des Fischs, sich gesellschaftlichen Konventionen zu entziehen, und er ist fasziniert von dessen Mut zum eigenen Stil. So verbinden diese so verschiedenen Charaktere schon zwei Dinge: die Abneigung gegen jede Form von Anpassung und Unterdrückung sowie der Mut, auch gegen äußeren Widerstand seinen eigenen Weg zu gehen.

In Partnerschaften, die auf Dauer angelegt sein sollen, ist es – wie bei den bereits genannten Verbindungen des Fischs mit dem Stier oder dem Krebs – selten ein Problem, daß sich beide genügend Freiheiten einräumen, dies ist für zwei so eigenständige Naturelle eine der leichtesten Übungen. Manche erfolgversprechende Partnerschaft ist allerdings auch hier schon daran gescheitert, daß der Fische-Geborene zu lange zauderte und sich weder zu einem klaren »Ja« noch zu einem eindeutigen »Nein« durchringen konnte. Zwar kämpft der Skorpion engagiert und ausdauernd um sein Glück, doch selbst seine Geduld währt nicht ewig. So hat es schon häufiger Fälle gegeben, in denen das lang ersehnte »Ja« des Fisches um einige Tage zu spät kam.

Freiheiten

Auch Paare mit dieser Konstellation sollten deshalb genau prüfen, ob sie beieinanderbleiben wollen, sich bei der Entscheidung jedoch nicht unnötig viel Zeit lassen. Sonst entscheiden sich die Dinge von allein, ohne daß dies immer im Sinne der Beteiligten wäre.

♓ – ♐

Fische – Schütze

Diese beiden Tierkreiszeichen sind so verschieden, daß sie nur recht selten besonderes Interesse aneinander finden. Die arg unterschiedlichen Persönlichkeiten werden gerade in der Phase des Kennenlernens schnell

Unterschiede

Mißverständnissen und Irritationen mit sich bringen. Trotzdem sind die Aussichten auf eine harmonische Partnerschaft nicht hoffnungslos: Zum einen können andere Horoskopfaktoren, insbesondere Aszendent und Mond, einen Ausgleich schaffen, zum anderen kann Wesensfremdheit in günstigen Fällen die Neugier kräftig anheizen und das Interesse aneinander wachhalten.

Ausgleich

Diese große Wesensverschiedenheit ist um so erstaunlicher, als beide Zeichen in der klassischen Astrologie vom gleichen Planeten, nämlich Jupiter, regiert werden. In der Tat sind die Lebensthemen beider recht ähnlich, ihr Umgang damit jedoch völlig unterschiedlich. Gerade das ist es, was zu zahlreichen Mißverständnissen oder Meinungsverschiedenheiten, bis hin zum Zerwürfnis, führen kann. So sind beide etwa an philosophischen, religiösen und oft auch spirituellen Themen interessiert. Während der extravertierte und publikumsverliebte Schütze andere von der Richtigkeit seiner Ansichten überzeugen und sie manchmal regelrecht bekehren möchte, sind den meisten Fischen alle lauten Töne unangenehm. Sie glauben, daß jeder seine eigenen Erfahrungen machen muß und man niemandem seine Meinung aufdrängen sollte. Oft wird ihnen das manchmal theatralische Auftreten des Schützen regelrecht peinlich sein, insbesondere wenn er der Versuchung nicht widerstehen kann und mit seinen Leistungen und Fähigkeiten ordentlich angibt.

Gemeinsame Lebensthemen

Da der Fische-Geborene seine Ansichten nicht unbedingt an die große Glocke hängt, wird der Schütze oft nicht recht schlau aus ihm. Im günstigen Fall fördert dies seine Neugier und inspiriert ihn, daß er sich mehr darum bemüht, auf seinen Partner einzugehen. Im ungünstigen Falle sorgen Mißklänge und mangelndes gegenseitiges Verständnis dafür, daß man sich auseinanderlebt.

Mißklänge

Was beide Zeichen miteinander verbindet, ist jedoch ihr fester Glaube, daß es weitaus wichtigere Dinge im Leben gibt als Geld und materielle Güter. Nur in der äußersten Not wird eines der beiden Zeichen bereit sein, irgend etwas ausschließlich des Geldes wegen zu tun. Beide sind Sinnsucher, die nichts wichtiger und spannender finden als die Frage nach der Bedeutung und Aufgabe unseres Daseins. Dies bringt zwar nicht unbedingt Vorteile für das praktische Zusammenleben im Alltag, kann jedoch eine tiefe innere Verbundenheit schaffen, die eine tragfähige und erfüllende Partnerschaft ermöglicht. Die größte Herausforderung ist hier gegenseitige Toleranz im Umgang mit Alltagssituationen. Dies gilt vor allem, wenn Dritte anwesend sind. Sind beide miteinander allein, werden sie sich oft leichter und besser verstehen.

♓ – ♑

Fische – Steinbock

Interessante Verbindung

Auch bei der interessanten und hoffnungsvollen Verbindung des Fischs mit dem Steinbock sind beide Partner verschieden genug, um sich nicht ins Gehege zu kommen, und doch so wesensverwandt, daß sie es bestens miteinander können. Es ist ähnlich wie bei der

Verbindung des Fischs mit dem Stier, dem Krebs und dem Skorpion.

Die wenigen Steinbock-Geborenen, die mit ihren besserwisserischen Neigungen einen Fisch dominieren wollen, lassen von diesem hoffnungslosen Unterfangen bald wieder ab. Denn Fische reagieren zwar auf die Vorschriften, die man ihnen macht, das heißt aber keineswegs, daß sie ihnen entsprächen – sie vergessen sie wie gesagt einfach. Sie sind bekanntermaßen immun gegen autoritäres Verhalten jeglicher Couleur, und auf Sturheit reagieren sie ähnlich.

Vorschriften

Im Privatleben halten Steinböcke nichts von Manipulationen, jeder soll tun und lassen, was er will. Im Berufsleben sehen sie das aber meistens anders.

Fische sind von Steinböcken oft ob ihrer Unverblümtheit fasziniert. Erstere entziehen sich, können schmeichelhafte kleine Lügen finden und lassen sich von anderen keine Schuldgefühle einreden – und erpressen schon gar nicht! Der Steinbock sagt jedoch in der Regel geradeheraus, was ihm nicht paßt oder was er will. Das macht viele Fische sprach- und wehrlos, andererseits fasziniert sie diese Eigenschaft. Allein dieser Aspekt reicht aus, um sich in einen Steinbock zu verlieben. Der Steinbock schätzt hinwiederum die geheimnisvolle Aura des Fisches. Auch für ihn ist der Fisch wie ein Paradiesvogel in einer eher grauen Alltagswelt. Der Steinbock bewundert die Fähigkeit des Fisches, sich gesellschaftlichen Konventionen zu entziehen, und er ist fasziniert von dessen Mut zum eigenen Stil. Hier zeigen sich zwei Dinge, durch die sich die

Anziehung

beiden verschiedenen Charaktere verbunden fühlen: die Abneigung gegen jede Form von Unterdrückung und der Mut, auch gegen äußeren Widerstand seinen eigenen Weg zu gehen.

Freiheiten

Wie bei den bereits genannten Verbindungen des Fischs mit Stier, Krebs und Skorpion ist es in dauerhaften Partnerschaften so gut wie nie ein Problem, daß sich beide genügend Freiheiten einräumen – für zwei so eigenständige Naturelle eine der leichtesten Übungen. Manche erfolgversprechende Partnerschaft ist allerdings auch hier schon daran gescheitert, daß der Fisch zu lange zauderte. So hat es schon häufiger Fälle gegeben, in denen das lang ersehnte »Ja« des Fisches um einige Tage zu spät kam, weil irgendwann selbst der hartnäckigste Steinbock die Geduld verlor.

♓ – ♒

Fische – Wassermann

Wesensfremdheit

Diese Naturelle sind sich so wesensfremd, daß sie nur selten aufgrund ihrer Sonnenstellung zueinanderfinden werden. Wahrscheinlicher ist es so, daß andere Horoskopfaktoren miteinander harmonieren und einen Ausgleich schaffen, etwa das Mondzeichen oder der Aszendent.

In Freundschaften und Geschäftsbeziehungen kommt der Anreiz, die Temperamentshürden nehmen zu wollen, wie bei Verbindungen des Wassermanns mit einigen anderen Tierkreiszeichen, häufig aus der bewußten oder unbewußten Einsicht, daß man wohl voneinander profitieren kann. Es kommt also eher zu sachlich orientierten Zweckbündnissen, in den Sympathien füreinander wird man – zumindest anfangs – eher zurückhaltend sein.

Der Wassermann neigt zum voreiligen und wenig überlegten Handeln, während die Fische wie gesagt eher Entscheidungsschwierigkeiten haben. Beide übertreiben also in gegensätzliche Richtungen. Wenn sie sich gemeinsam bemühen, kann es gelingen, daß der Fisch etwas entschlußfreudiger wird und der Wassermann ein wenig gründlicher überlegt, bevor er handelt.

Gegensätzlichkeit

Der Wassermann vermag den Fisch zu inspirieren, risikofreudiger und zukunftsorientierter zu werden. Er kann zeigen, wie man mit Optimismus und Selbstvertrauen Probleme meistert, statt sich in eine Traumwelt zu flüchten.

In Auseinandersetzungen persönlicher Art kann der Fisch dem Wassermann beibringen, wie man Angriffe und Beleidigungen so gelassen an sich abperlen läßt, daß der Angreifer schließlich wie ein begossener Pudel dasteht. Der Wassermann hat Angst vor tiefen Gefühlen, während der Fisch in Beziehungen gar nichts anderes kennt. Umgekehrt kann sich der Fisch vom Wassermann eine Scheibe abschneiden, was die Fähigkeit zu Sachlichkeit und Logik angeht.

Erotische Anziehung

In echten Liebesbeziehungen ist es meist eine starke und eigenartige erotische Anziehung, welche die großen Temperamentsunterschiede vergessen läßt und vielen Auseinandersetzungen die Spitze nimmt. Im Intimleben kann es zu einer fast schon magischen Harmonie kommen, welche in seltsamem Gegensatz zu den ansonsten sehr unterschiedlichen

Persönlichkeiten steht. Fische-Wassermann-Paare, denen es gelingt, eine echte Lebensgemeinschaft aufzubauen, schöpfen daher meist aus ihrer erfüllten Sexualität die Kraft, im Alltag ebenso zueinanderzufinden und gemeinsame Interessen zu entwickeln.

Sexualität

Dies ist meist kein leichter Prozeß, der oft Jahre in Anspruch nimmt. Über Langeweile werden sich diese beiden allerdings kaum zu beklagen haben. Bei Themen hingegen, bei denen die Persönlichkeits- und Temperamentsunterschiede unüberbrückbar sind, lernt man wiederum gegenseitige Toleranz.

♓ – ♓

Fische – Fische

Bei allen Beziehungen, die demselben Tierkreiszeichen angehören, ergeben sich die gleichen, nur scheinbar widersprüchlichen Regeln. Zum einen gilt natürlich das Sprichwort »Gleich und gleich gesellt sich gern«. Allerdings ist dies eher für freundschaftliche Verbindungen als unbedingt für Liebesbeziehungen gültig. Schließlich sucht man im Partner weniger den Spiegel seiner selbst als vielmehr die Ergänzung. Sich selbst meint man ja mehr oder weniger zu kennen, aber das Gegenstück zum eigenen Charakter übt immer einen besonderen Reiz aus.

Freundschaft

Ähnlichkeiten im Wesen und im Verhalten sind sicherlich eine große Hilfe, um Mißverständnisse zu vermeiden, doch tragen sie nicht unbedingt zu einer Steigerung der gegenseitigen Toleranz bei. Menschen neigen in vielen Situationen dazu, für die eigenen *Schwächen* Schwächen bei anderen weniger Verständnis aufzubringen als für Schwierigkeiten, mit denen sie selbst niemals zu kämpfen hatten. Der Logik nach sollte es anders sein, schließlich scheint es nicht vernünftig und ungerecht, dem Partner Unzulänglichkeiten vorzuwerfen, die man selbst besitzt. Doch niemand läßt sich gern den Spiegel vorhalten, wenn er darin gerade unvorteilhaft aussieht. Dies mag eine Erklärung sein. Ein weiterer Gesichtspunkt ist die Abneigung gegen Gewohnheiten, denen man selbst einmal gefrönt hat. Man denke nur an das Verhalten einiger ehemaliger Raucher, die um ein Vielfaches intoleranter gegenüber Nochrauchern sein können als so manche, die niemals eine Zigarette angerührt haben. Natürlich ist es jedoch immer eine Frage des Entwicklungsniveaus, inwieweit man die eigenen Schwächen anderen zum Vorwurf macht. Im günstigen Falle können zwei Fische ein Team sein, das sich blind versteht und gemeinsam alle Herausforderungen des Lebens meistert.

Falls Aszendent oder Mond nichts anderes aussagen, sind solche Partnerschaften nur selten besonders leidenschaftlich. Der Nachteil mag sein, daß ekstatische Höhepunkte rar sind oder gar nicht vorkommen. Dafür bleiben ihnen jedoch auch in aller Regel die Abgründe krankhafter Eifersucht und zermürbender *Harmonische Partnerschaft* Auseinandersetzungen erspart. Partnerschaften, die einige Jahre lang gutgegangen sind, haben mehr Aussichten als die Verbindungen anderer Tierkreiszeichen, auch auf Dauer bestehen zu können.

Was sonst noch zum Fisch paßt

In diesem Kapitel sind Entsprechungen des Fische-Prinzips – sogenannte Analogien – zusammengestellt. Darunter versteht man in diesem Zusammenhang Ähnlichkeiten und Verwandtschaften, die sich einem Tierkreiszeichen zuordnen lassen, ohne daß sie ursächlich, also kausal, miteinander verbunden wären.

Analogien

Wie können diese Analogien praktisch genutzt werden? Wenn Sie selbst ein Fisch sind und die positiven Eigenschaften Ihres Tier-

kreiszeichens fördern und betonen wollen, können Sie unter den im folgenden aufgeführten Entsprechungen diejenigen aussuchen, die Ihnen besonders zusagen, und sie in Ihr Leben einbeziehen.

So können Sie zum Beispiel bevorzugt Kleidung in den Farben tragen, die Ihrem Tierkreiszeichen entsprechen. Sie können das Essen mit Gewürzen verfeinern, in Ihren Garten die Pflanzen setzen, an Orte in den Urlaub fahren, die Hobbys oder Berufe wählen, die zu Ihrem Tierkreiszeichen passen, und so weiter. Obwohl es sich hier nur um eine allgemeine Typologie handelt, werden Sie bald erstaunliche Wirkungen feststellen: Sie finden immer mehr zu sich selbst und entwickeln ein immer genaueres Gespür dafür, was zu Ihnen paßt, was Ihnen guttut und was Sie eher meiden sollten. Ihre Gesundheit und Ihr seelisches Gleichgewicht werden davon profitieren.

Selbstfindung

Wenn Sie einen Fisch kennen und schätzen, kann Ihnen diese Liste zum Beispiel bei der Suche nach einem passenden Geschenk helfen. Wenn Ihr Kind ein Fisch ist, können Sie Anregungen für den passenden Sportverein finden und so fort. Der kreativen Phantasie sind hier kaum Grenzen gesetzt.

Geschenke

Farben: Meergrün, Blaugrün, Pastelltöne, Aquarellfarben.
Geruch: betäubend, narkotisch, wäßrig; Räucherstäbchenduft, Weihrauch; Salzwassergeruch.
Geschmack: vermischt, undefinierbar, wäßrig, chemisch; ungewürzt; den Eigengeschmack überdeckend; tranig.

Signatur (Form und Gestalt): fließend, konturlos, weich, schemenhaft, durchscheinend, formlos, verwaschen, verschleiert.
Pflanzen allgemein: Wasserpflanzen, Algenarten; Heilpflanzen; zarte, wenig widerstandskräftige Pflanzen.
Bäume, Sträucher: Weide; Jasmin.
Gemüse, Obst: Reis; Algen; Spargel; Sojabohne; Wassermelone, Papaya, Kürbis.
Blumen: Wasserrose, Mimose, Lilie, Lotus. *Blumen*
Gewürze: vermischte Gewürze, die den Eigengeschmack überdecken; Curry, Minze.
Heilpflanzen: Blasentang, Herbstzeitlose, Kakaostrauch, Colabaum, Irländisches Moos, Passionsblume.
Tiere: Fischarten; Mischformen zwischen Tier und Pflanze (Seeanemonen, Geißeltierchen); zartgliedrige Tiere; Einzeller; Plankton, Qualle, Muschel; Silberreiher; Lurche; Zierfische; Paradiesfisch, Scholle, Flunder; Silberfischchen; Reiher.
Materialien: Chemikalien und Farben; Glas.
Mineralien: Wismut, Chrysopras; Titaneisen.
Landschaften: Unterwasserlandschaften (»Atlantis«), Inseln; unbesiedelte, einsame Gebiete (Fjorde).
Berufe: alle Berufe, die Einfühlungsvermögen, Intuition und Hilfsbereitschaft erfordern; Berufe, die Kontakt zu Menschen ermöglichen und die vielseitig sind und Abwechslung bieten; Berufe, bei denen eher das Kreativ-Künstlerische als das Ökonomische und Rationale betont ist; musische Berufe; Berufe im Bereich der Pharmazeutik und der Chemie; Berufe, die eine flexible, veränderliche Lebensweise fördern; Tätigkeiten in Hilfs- und Fürsorgeorgani- *Berufe*

sationen (Rettungsstationen, Anstalten, Taubstummen- und Blindenheime, Asyle); Arzt, Krankenschwester, Krankenpfleger, Heilpraktiker; Psychiater; Therapeut, Psychologe; Parapsychologe; Spritist, Mystiker. Diakon, Mönch/Nonne, Geistlicher, Missionar; Künstler, Musiker, Maler, Literat (besonders Dichter); Philosoph; Apotheker, Drogist; Wein- und Spirituosenhändler; Seefahrer; Fischer; Werftarbeiter; Meeresforscher; »Glücksspieler«; Gastwirt; Schauspieler; Beschäftigter im Zirkus- und Schaubudenbetrieb.

Hobbys

Hobbys, Sportarten: Meditation; Glücksspiele; Film und Fernsehen; Schwimmen, Wasserball, Wassergymnastik.

Verkehrsmittel: Schiff.

Wohnstil: konturlos, ineinander übergehende Formen, die Wohnlandschaft.

Wochentag: Donnerstag (Tag des Donar, des nordischen Donnergottes; französisch *Jeudi,* italienisch *Giovedì* [Tag des Zeus/Jupiter]).

Gesellschaftsform: Außenseiter- und Randgruppen; Alternative; chaotische, anarchische Formen; Zigeuner; religiöse Gemeinschaften.

Entsprechungen auf der Ebene des menschlichen Körpers: Zirbeldrüse (Epiphyse); Aura; Hormonsystem; Fontanellen; Füße; sämtliche osmotischen und diffundierenden Prozesse im Körper (Durchlässigkeit der Haut), Gefäßpermeabilität (Durchlässigkeit).

Krankheiten allgemein: Infektionen, Seuchen, Vergiftungen, Lähmungen, reduzierte Körperabwehr (Immunschwäche), Hormonstörungen, Fettsucht, Enzymstörungen; Neurosen.

Zahlen

Zahlen: die 3 und die 12, nach dem neuen Zeichenherrscher Neptun auch die 13.

Ein typisches Fische-Märchen: Der Fingerknabe

Der Junge, von dem diese Geschichte erzählt, hieß ganz einfach der Fingerknabe, wie andere Leute Müller oder Schulze heißen. Er konnte nicht wie die übrigen Kinder spielen und umherspringen, im Sommer auf den bunten Wiesen, im Wald und auf den Feldern oder im Winter sich im Schnee tummeln. Meistens saß er da und sah den Gleichaltrigen zu, denn seine Füße waren steif, und er konnte sich nur mit Hilfe von Stöcken fortbewegen. Darum war es sicher nicht verwunderlich, wenn er oftmals mit offenen Augen vor sich hin träumte. Dann dachte er an die wunderschönen Dinge, an herrliche Königsschlösser, an schöne Prinzessinnen in seidenen Kleidern und an ein stolzes Segelschiff, auf dem er, der Fingerknabe, der Kapitän sei und die ganze Welt umsegelte. Seine Mutter aber machte sich große Sorgen um ihn.

»Du Träumer«, schalt sie, wenn sie ihn auf der Bank vor dem Haus sitzen sah. »Aus dir wird niemals etwas Vernünftiges, wenn du nur dasitzt und nichts Rechtes tust!«

So war es kein Wunder, daß er sich manches Mal sehr unglücklich fühlte. Anscheinend konnte ihn niemand recht verstehen. Das einzige, was er ebensogut konnte wie das Träumen, war das Malen. Er malte alles, was ihm schön genug erschien, die bunten Blumen auf der Wiese, das Morgenrot am Himmel und die silbernen Birken vor dem Haus der Mutter. Aber immer gab es irgend etwas, das ihn in die rauhe Wirklichkeit zurückholte. Meistens waren es die Menschen mit ihren unfreundlichen und verständnislosen Reden, die ihm sagen wollten, wie die Dinge sich in Wahrheit verhielten.

Eines Tages kam ein alter Onkel von weit her in einer Postkutsche angereist. Außer einem großen Koffer, auf dem die geheimnisvoll klingenden Namen vieler unbekannter

Städte standen, in denen der Onkel schon gewesen war, brachte er noch ein gütiges und mitfühlendes Herz mit, das er sich trotz allen Erfolgs bewahrt hatte. Er fragte den Jungen, was er sich wünsche, denn irgend etwas wollte er ihm gern schenken.

»Eigentlich bin ich auch so ganz zufrieden«, sagte der Fingerknabe, »erzähle mir nur recht viel, solange du hier bist. Dann kann ich all das Schöne, was ich selbst so gern erleben würde, in meinen Gedanken sehen und noch lange davon träumen.«

Also erzählte der Onkel von Städten und Menschen, von Erlebnissen und erstaunlichen Dingen. Doch nach einigen Tagen sagte er: »Ich möchte dir gern eine Freude machen ...« Und er holte aus seinem Koffer ein schwarzes Samtkästchen heraus, das einen sehr feinen goldenen Verschluß hatte. Der Onkel öffnete das Kästchen und nahm eine Brille heraus, die war aus feinstem Glas und hatte einen schlichten Goldrand.

»Oh«, sagte der Fingerknabe etwas enttäuscht, »eine Brille? Was soll ich wohl mit einer Brille, denn sehen kann ich bislang noch recht gut.«

»Bei dieser Brille geht es nicht darum, ob du gut siehst«, erklärte ihm der Onkel. »Ich bekam sie von einem alten Chinesen, der sich auf das Schleifen von Gläsern besser verstand als irgendein anderer seines Standes in der Welt. Ja, er konnte sogar Blinde sehend machen und die Dummen klug. Ich habe ihm das Leben gerettet, als er von einem Mann bedroht wurde, der mit seiner Brille nicht zufrieden war. Dieser Mann war geizig und wollte eine Brille, mit der er durch Wände sehen konnte, um alles um ihn herum zu beobachten und so vor Dieben bewahrt zu bleiben. Er wollte den Brillenschleifer erschlagen, weil er sich wieder einmal betrogen glaubte. Ich kam gerade rechtzeitig dazu und habe dem klugen Chinesen geholfen. Zum Dank gab er mir diese Brille. Er warnte mich aber: Wenn du diese Brille einmal trägst, darfst du sie nie wieder absetzen, sonst bist du der unglücklichste Mensch auf Erden, denn durch diese Brille siehst du alles, was dir auf deinem ferneren Lebenswege begegnet, viel besser und schöner als die anderen Menschen. Sie macht dich zufrieden und glücklich, wenn du sie trägst. Ich habe viele Jahre daran gearbeitet, sie ist das Wertvollste, was ich besitze.« Der Onkel lächelte den Knaben an und fuhr fort: »Nun, ich bin auch so mit meinem Leben zufrieden, deshalb brauche ich die Brille nicht. Ich gebe sie dir von Herzen gern, da dir so manches Schöne versagt geblieben ist. Vielleicht macht sie dir ein wenig Freude.«

Zögernd nahm der Fingerknabe die Brille. Das Glas war hauchdünn und fein geschliffen und der Goldrand leicht und zart. Er setzte sie auf und lachte vor Vergnügen, denn er entdeckte in dem großen Koffer allerhand Sachen: Da waren eine ganze chinesische Straße voll Leben und Treiben und ein Dorf, in dem lauter kleine dunkelhäutige Kinder umherliefen, die Bananen von den Bäumen pflückten. Aber das lag an dem wunderschönen Bilderbuch, das der Onkel darin aufbewahrte. Und auch das Gesicht des Onkels erschien ihm so freundlich wie nie zuvor, und sein seidener Schlafrock sah so prächtig aus wie ein Königsmantel.

»Dieses Geschenk gefällt mir sehr«, sagte der Fingerknabe vergnügt, »etwas Besseres konntest du mir gar nicht geben.« Und er trug die Brille und freute sich jeden Tag daran.

Dann kam die Zeit, zu der der Onkel wieder abreisen mußte. Bevor er die Postkutsche bestieg, sprach er noch einmal zu dem Jungen: »Denke daran, wenn du die Brille abnimmst, wirst du unglücklich und unzufrieden werden. Auf Wiedersehen, und laß es dir recht gut ergehen.«

Der Onkel hatte der armen Familie des Fingerknaben zwar viel gegeben, doch nach einiger Zeit neigten sich die Vorräte ihrem Ende zu. Aber der Fingerknabe war immer zufrieden, Brot und Salz erschienen ihm als ein herrliches Festmahl, und er tröstete seine Mutter jedesmal, wenn er aß, und sagte ihr, daß das Brot wie der herrlichste Kuchen schmecke und das Salz ihm wie die süßeste Schlagsahne erscheine.

»Wohl dem, dem es schmeckt, auch wenn nichts Gutes zu haben ist«, seufzte dann die Mutter, doch die unvernünftigen Reden ihres Sohnes bedrückten sie mehr als ihre eigene Armut.

Ja, mit Hilfe der Brille war der Fingerknabe ein höchst wunderliches, aber glückliches Menschenkind geworden. Für ihn sah auch etwas Unangenehmes gar nicht so schlimm aus wie für andere Leute, ganz im Gegenteil, es gab nichts, was ihm seine glückliche Zufriedenheit hätte nehmen können. Wenn er in die Natur hinaussah, wurden die dürren Nadelbäume am Waldesrand für ihn zu weisen Männern, die zu allem, was der Wind ihnen Neues aus der Welt berichtete, nachdenklich ihre Köpfe wiegten. Die kleinen, hellen Birken waren für ihn wispernde und kichernde Mädchen, die sich mit ihren schlanken Stämmen vor Lachen bogen. Die Blumen auf den Feldern und Wiesen erschienen ihm wie alte Freunde, mit denen er nach Herzenslust reden konnte; und wer zu ihm kam, dem wurden die wunderlichsten Geschichten erzählt, und der Fingerknabe zeigte ihm die Bilder, die er malte. Wer mit ihm sprach, kam aus dem Staunen nicht mehr heraus, und die Bilder taten ein übriges: Eine ganze Hofgesellschaft von Blumen war da zu sehen, und alle hatten hübsche, süße Gesichter wie kleine Kinder. In ihrer Mitte thronte die Rose als Königin mit einer Krone auf dem Kopf.

Der Fingerknabe lachte, wenn er das Erstaunen der Menschen sah: »So sehe ich die Welt. Gefällt es euch?«

»Nun, diese Bilder sind wirklich schön«, sagten die meisten. »So etwas haben wir noch nie gesehen, aber schließlich ist doch alles unwirklich und keine Beschäftigung für einen vernünftigen Menschen.«

Das war die Meinung der Leute, die nicht das Glück hatten, eine solche schöne Brille zu besitzen wie der Fingerknabe. Die Jahre vergingen, und nun war der Finger-

knabe ganz allein, denn seine Mutter war gestorben. Eines Abends saß er wieder am Tisch und malte. Da klopfte es an sein Fenster.

»Ach bitte, laß mich doch ein«, hörte er von draußen ein feines Stimmchen leise rufen, »ich habe mich verlaufen, und ich bin völlig durchnäßt vom Regen.«

Das wird wohl eine Prinzessin sein, dachte sich der Fingerknabe, hätte sie sonst solch eine feine Stimme? Er öffnete die Tür, verbeugte sich höflich und sagte: »Tretet ein, Euer Gnaden.«

Verdutzt über die seltsame Begrüßung, trat ein hübsches Mädchen ein. Der Fingerknabe sah sie glücklich an. Gewiß, das mußte eine richtige Prinzessin sein. Ihre Kleider waren zwar durchnäßt, aber sie schienen ihm sehr kostbar. Auf ihrem Kopf trug sie wahrhaftig eine kleine Krone, die glänzte wie der Sonnenschein.

»Wie kommt eine so schöne und edle Prinzessin in meine kleine Hütte?« fragte der Fingerknabe.

Das Mädchen lachte ihn an und sagte: »Auch eine Prinzessin möchte einmal so frei sein wie andere gewöhnliche Menschen, und deshalb bin ich vom Hofe fortgelaufen und habe mich verirrt, als mich das Unwetter überraschte.«

»Nimm doch deine Krone ab«, sagte der Fingerknabe und zeigte auf die blonden Zöpfe des Mädchens, die es auf dem Kopf festgesteckt hatte.

»Meine Krone ist festgewachsen«, erwiderte sie schnell. Dieser wunderliche Knabe verwirrte sie doch sehr. Doch da die junge Frau fror, wärmte sie sich an dem Feuer im Herd, und er stellte ihr heiße Milch zum Trinken hin und gab ihr ein Stück Brot für den Hunger.

»Hier, nimm«, sagte er, »heute gibt es eine feine Trüffelsuppe und Rehbraten. Laß es dir recht gut schmecken.«

»Das will ich tun«, sagte das Mädchen, »das Essen mundet mir sehr.« Und ohne weiter nachzufragen, biß sie in das Brot und trank die Milch dazu.

Als sie fertig war, bereitete er ihr ein schönes, weiches Lager, damit sie gut schlafen könne. Am nächsten Morgen bat sie ihn um Wasser zum Waschen, aber warm sollte es sein, sonst würde sie frieren. Sie ist tatsächlich eine echte Prinzessin, dachte er wiederum bei sich. Wäre sie ein Bauernmädchen, wäre es ihr gleich, ob das Wasser warm oder kalt sei. Das Mädchen wusch sich und aß.

Dann fragte es den Fingerknaben: »Warum denkst du, daß ich eine Prinzessin bin? Siehst du es mir an?«

»Aber ja«, sagte der Fingerknabe, erstaunt über eine solch dumme Frage, »nur eine Prinzessin kann so hübsch und fein sein wie du. Das sehe ich nämlich alles durch meine Brille, die mir ein Onkel vor Jahren schenkte. Ein kunstfertiger alter Chinese hat sie geschliffen. Durch diese Brille sehe ich alles viel besser und schöner als die anderen Menschen. Aber ich darf sie niemals absetzen, sonst werde ich ein unglücklicher Mensch.«

»Oh, das ist ja wunderbar«, sagte die vermeintliche Prinzessin, »dann behalte sie nur recht, recht lange auf deiner großen Nase. Sie steht dir auch wirklich gut. Und sag mir noch, kann ich so lange bei dir bleiben, bis mich mein Hofstaat gefunden hat? Sie werden mich sicherlich suchen.«

Und sie erzählte von dem großen, wunderbaren Reich ihres Vaters, des Königs, das weit hinter dem Walde lag, in dem die Hühner zum Braten frei auf der Straße umherliefen und die Bäcker jede Woche ohne Geld Zuckerbrote verschenkten. So viel wußte sie zu erzählen, daß der Fingerknabe keinen Zweifel mehr hegte, daß sie tatsächlich eine echte Prinzessin war, denn sonst konnte sie doch nicht so klug sein.

Eines Tages sagte er: »Ich habe noch gar nicht nach deinem Namen gefragt.«

»Meine Mutter hat mich immer Herzliebchen genannt«, erwiderte die vermeintliche Prinzessin. »Sie ist schon lange nicht mehr am Leben, und mein Vater nennt mich Rotraut.«

»Beide Namen gefallen mir«, meinte der Fingerknabe, »ich werde dich so rufen, wie es mir gerade gefällt.«

Und so blieb die Prinzessin Rotraut bei dem Fingerknaben und wartete darauf, daß ihre Hofleute sie holen sollten, doch bislang hatte sich niemand in der kleinen Hütte in der Heide eingefunden. Die Königstochter versorgte ihren Beschützer, so gut es ihre zarten Hände vermochten. Bald war auch schon wieder ein ganzer Hofstaat beieinander: Der Hund wurde zum Hofmarschall erklärt. Seine Aufgabe war es, die Ankunft der seltenen Besucher zu melden. Die Katze war die Haushofmeisterin. Sie sorgte für Reinlichkeit und hielt das niedrige Volk, wie zum Beispiel die Mäuse, fern. Im übrigen putzte sie sich auch selbst sehr viel, damit ihre Staatsrobe immer hübsch in Ordnung war. Die Hühner wurden in den Stand von Hofdamen erhoben, die sich um die Prinzessin versammelten, sobald sie sich auf dem Hof blicken ließ, um ihnen Körner zu streuen. Es war ein feines Hofleben, und der Fingerknabe fühlte sich recht wohl mit diesem doch vornehmen Dasein. Seine Regierungsgeschäfte waren das Malen von Bildern, die so schön und farbenprächtig wurden wie nie zuvor. Dann und wann ging er ins Dorf, und er hörte die Leute sagen, daß das Mädchen, das bei ihm lebte, beileibe keine Königstochter sei, sondern ein ganz gewöhnliches Menschenkind, das seinen Eltern fortgelaufen sei. Der Fingerknabe aber wußte es besser. Es ist nur der Neid, der aus ihnen spricht, dachte er bei sich.

Dann kam der Winter, und Prinzessin Rotraut war immer noch bei ihm, denn es hatte sich bislang noch kein Hofstaat blicken lassen, um sie zurückzuholen. Eines Tages im Frühling schließlich bellte der Hund laut und aufgeregt und riß an seiner Kette.

»Der Hofmarschall meldet einen Besucher«, sagte der Fingerknabe zu der Prinzessin, die gerade dabei war, eine Grütze zu kochen, die sie beide wie den wohlschmeckendsten Grießflammeri aßen. Schnell legte die Prinzessin die Schürze ab und empfing den Gast mit einem königlichen Kopfnicken. Der Besucher fragte nach den Bildern, die der Fingerknabe gemalt hatte und von denen ihm schon so viel erzählt worden sei. Gern wollte er sie kaufen. Die Prinzessin zeigte ihm die Bilder, die dem Mann gut gefielen, und mit viel Verhandlungsgeschick machte sie den Handel perfekt. Auch daran sah der Fingerknabe, daß die schöne Rotraut eine wirkliche Prinzessin war, sonst hätte sie mit dem vornehmen Herrn nicht so wie mit ihresgleichen reden können. Er selber hätte dazu nie den Mut gehabt. Nun gab es etwas mehr Wohlstand in dem kleinen Haus. Die Prinzessin konnte sich endlich wieder ein schönes Kleid kaufen, denn das alte war durch die Arbeit schon recht abgetragen. Sogar das kostbare Kettchen, das sie, wie sie sagte, beim Umherirren verloren hatte, wurde durch ein neues ersetzt, so reich waren sie geworden.

»Du solltest noch mehr Bilder malen«, sagte die Prinzessin zu dem Fingerknaben, »dann haben wir bald so viel Geld, daß wir uns selbst ein Königreich kaufen können!«

Nach einer Weile kam der Besucher wieder. Sein König hatte ihn gesandt, um den wunderlichen Maler, dessen Bilder ihm so gut gefallen hatten, an seinen Hof zu bitten, damit dieser ihn und seinen Hofstaat male. Der Besucher erklärte dem Fingerknaben, welch hohe Ehre ihm damit zuteil würde, einen richtigen König malen zu dürfen. »Ich bin es schon gewohnt, mit solchen hohen Persönlichkeiten zu verkehren«, erwiderte dieser und zeigte auf Rotraut, »das ist auch eine richtige Prinzessin. Eigentlich müßtet Ihr sie doch kennen.«

Der Gesandte des Königs verneigte sich tief vor der hoheitsvoll nickenden Rotraut, aber im Innersten war er doch sehr ungehalten darüber, daß sich eine Prinzessin so weit herabließ, eine solch ärmliche Lebensweise zu führen. Er zog ein kostbar verziertes Buch aus seiner Tasche, in dem alle Könige, Königinnen und Prinzessinnen verzeichnet waren, aber eine Prinzessin Rotraut stand nicht darin, sosehr er auch suchte. Es war ihm sehr peinlich, daß die Prinzessin in seinem Buch nicht aufgeführt war.

Wie erstaunt aber waren die Leute, als noch am gleichen Tage die prächtige Kutsche des Gesandten das Dorf verließ, und der Fingerknabe und die so oft geschmähte Prinzessin saßen darin! Am Hofe des Königs wurden sie mit großer Freundlichkeit empfangen. Der Fingerknabe hätte nun wirklich seine Brille nicht mehr gebraucht, denn er bekam jetzt tatsächlich Trüffelsuppe und Puter vorgesetzt und alles, was sein Herz begehren konnte. Prinzessin Rotraut trug von nun an so prächtige Kleider, daß sie von den anderen Hofdamen nicht mehr zu unterscheiden war, aber dem Fingerknaben schien sie doch die Schönste und Vornehmste von allen. Der König machte ihm ein großes Haus zum Geschenk, in dem er wohnen konnte, und er war ebenfalls gekleidet wie ein Edelmann. Es gab nun viel zu malen, denn der König übergab ihm allerhand Aufträge. Jedermann am Hofe bewunderte seine Bilder und nannte sie ungewöhnlich und bezaubernd, und alle wünschten sich, auch einmal von ihm gemalt zu werden, denn jeder sah schöner aus, als er in Wirklichkeit war. Der Fingerknabe tat ihnen gern den Gefallen, aber er ärgerte sich auch immer wieder, wenn die Hofdamen die Prinzessin ausfragten, woher sie käme. Das stand ihnen doch wirklich nicht zu!

»Wo liegt denn das Land Eures Vaters?« fragten sie dreist die schöne Rotraut. »Wir haben noch nie etwas davon gehört.«

»Dann wird es Zeit, daß ihr davon erfahrt«, antwortete die Prinzessin.

»Und wo ist Euer Schmuck, den doch eine richtige Prinzessin immer zu tragen pflegt?« fragten sie dann.

»Räuber haben mir alles gestohlen, als ich im Walde umherirrte!« sagte die Prinzessin, die nicht so schnell um eine Antwort verlegen war. Der Fingerknabe horchte auf, denn davon hatte er ja noch gar nicht gewußt.

»Und wo ist deine Krone? Ohne Krone ist man keine Prinzessin!« sagten nun die Hofdamen. Sie waren schon sehr hartnäckig und wollten alles ganz genau wissen.

»Die habe ich verloren, als ich mich beim Wasserholen über den Brunnen beugte«, antwortete die Prinzessin.

Da wurde der Fingerknabe ganz wirr im Kopf und wußte nicht mehr, was er davon halten sollte. Er konnte doch ihre Krone ganz deutlich sehen! Verdutzt fragte er eine Hofdame, die neben ihm stand: »Der Prinzessin ist doch die Krone auf dem Kopf festgewachsen, wie kann sie sie dann verloren haben! Was spricht sie nur für merkwürdige Dinge?«

Da lachte die Hofdame ihn aus und sagte: »Du siehst doch alles verkehrt durch deine Brille. Rotraut ist im Leben keine Prinzessin. Wer weiß, wem sie davongelaufen ist, daß sie dir solch einen Bären aufgebunden hat!«

Nun kamen dem Fingerknaben zum erstenmal Bedenken. Lustlos malte er an dem Bild des Königs weiter. Als er fertig war, wurde es mit großem Aufwand ins Schloß gebracht. Es fand auch ein großes Fest statt, damit das Bild des Königs von allen bewundert werden konnte, und der Fingerknabe wurde sehr geehrt und zum Hofmaler ernannt. Auch die Prinzessin Rotraut war sehr stolz auf ihn. Das Bild war wirklich prächtig anzusehen in dem dicken Goldrahmen, und der König konnte es selbst kaum glauben, daß er so schön und vornehm aussah. Nur einige, die dem König nicht wohlgesinnt waren, flüsterten leise unter sich, daß der König in Wirklichkeit gar nicht so wunderbar ausschaue. Allein die Brille auf der Nase des Malers mache ihn zu solch einer stattlichen Erscheinung. Nun sollte der Fingerknabe noch die Königin und den ganzen Hofstaat malen, aber die Arbeit

wollte ihm nicht so recht von der Hand gehen, denn die Hofdame kam immer wieder zu ihm und wollte ihm einreden, daß die Prinzessin gar keine Prinzessin sei und er auch alles nur so wunderschön durch seine Brille sähe. Er sollte sie nur einmal absetzen, dann wüßte er, was in der Welt los sei, und würde nicht mehr für einen Wunderling gehalten werden. Am Abend ging er zu Prinzessin Rotraut und erzählte ihr, was die Hofdame gesagt hatte. »Du solltest die Brille keinesfalls absetzen«, sagte die Prinzessin ängstlich und streichelte ihn, »denke daran, was dein Onkel gesagt hat: Wenn du die Brille absetzt, würdest du nie mehr glücklich und zufrieden. Laß uns wieder von hier fortgehen, wenn du alle Bilder gemalt hast, die der König von dir haben will, dann hast du Geld genug, und woanders läßt es sich auch gut leben.«

»Und wann willst du zurück in dein Land?« fragte der Fingerknabe.

»Nie mehr«, antwortete die Prinzessin und legte den Arm um ihn, »ich möchte immer bei dir bleiben, weil ich dich von Herzen liebhabe. Und wenn mein Hofstaat mich bis jetzt nicht gefunden hat, werden die Bediensteten sicher die Suche aufgegeben haben.«

Das machte den Fingerknaben zufrieden und glücklich, und am nächsten Tag malte er mit doppeltem Eifer, so daß das Bild der Königin besonders schön zu werden versprach. Aber die Hofdame ließ ihm keine Ruhe. Immer wieder redete sie ihm Übles ein. Als sich der Fingerknabe im Schloßgarten ein wenig ausruhen wollte, kam sie und nannte ihn dumm und einfältig, so daß er schließlich wütend die Brille von seiner großen Nase nahm und sie weit fortwarf! Aber ach, wie sah die Welt plötzlich aus! Die Hofdame, die ihm gerade noch so lieblich erschienen war, hatte kleine Schweinsäuglein und eine dicke Schicht Puder auf ihren Wangen, der schöne Schloßgarten kam ihm plötzlich geziert und zurechtgeputzt vor. Erschrocken stand er auf und betrachtete das Bild der Königin. Es ist viel zu übertrieben, dachte er bei sich und ging zu der Hofgesellschaft, deren prächtigen Anblick er immer so sehr bewundert hatte. Nun fand er sie allesamt albern und hoffärtig, die Hofdamen hatten fast alle recht dumme Gesichter, und die Hofherren sahen auch nicht viel klüger aus. Als die Prinzessin ihn ohne Brille sah, wurde sie ganz blaß im Gesicht, so sehr erschrak sie, und wollte schnell fortlaufen.

Er ging zu ihr hin und fragte mißtrauisch: »Warum willst du weglaufen? Laß dich einmal richtig ansehen. Wo ist denn deine Krone, von der du sagtest, sie sei dir auf dem Kopf angewachsen? Bist du denn keine Prinzessin? Sage mir die Wahrheit, ich sehe es dir nun an, wenn du lügst.«

Da sah Rotraut, daß es keine Ausrede mehr gab. »Ach nein«, sagte sie jämmerlich, »das bin ich nicht, aber du hattest mich doch selbst dafür gehalten, und das hatte mir so gut gefallen.«

Der Fingerknabe konnte es kaum glauben. Er ließ sie einfach stehen. So erlebte er eine Enttäuschung nach der anderen, denn er sah nun alles so, wie es in Wirklichkeit war, doch es kam ihm noch viel schlimmer vor. Die Brille des Chinesen hatte ihm ja nur die schönen Dinge des Lebens gezeigt – und was nicht schön war, in etwas Wunderbares verwandelt. Zwar malte er noch weiter an seinen Bildern, aber er zeigte nun unbarmherzig, wie die Menschen in Wirklichkeit aussahen. Es kam der Tag, an dem die Bilder der Königin und der Hofgesellschaft ins Schloß gebracht werden sollten. Der Fingerknabe war die ganze Zeit voll Unzufriedenheit gewesen, und all sein Glück war dahin. Nun begann er, mit Rotraut zu streiten, und machte ihr die bittersten Vorwürfe, weil sie ihm nicht gleich die Wahrheit gesagt hatte. Zornig rief er: »Mach, daß du fortkommst, und laß dich nicht mehr bei mir blicken!«

Traurig und voller Reue packte sie einige Habseligkeiten zusammen und ging fort, denn sie schämte sich sehr. Als sie durch den Schloßgarten kam, sah sie im Rasen die Brille des Fingerknaben liegen. Erfreut hob sie sie auf, um sie ihm wiederzubringen. Aber als sie durch das Schloßtor gehen wollte, war auf dem Schloßhof ein großer Tumult im Gange. Die Bilder des Fingerknaben hatten beim König und der Königin und dem ganzen Hofstaat größtes Ärgernis erregt. Die Königin, die erwartet hatte, sie würde auf ihrem Bild genauso schön aussehen wie der König, sah ebenso wie im Spiegel ihre Runzeln im Gesicht, ihre spitze Nase und die eisgrauen Löckchen. Die Angehörigen der Hofgesellschaft, die sich auch eingebildet hatten, daß sie auf den Bildern wunderschön geworden seien, waren erbost, weil sie noch viel schlimmer aussahen als in Wirklichkeit. Das Volk, das draußen stand, lachte laut über die häßlichen Bilder. Das erzürnte den König so sehr, daß er den Fingerknaben auf der Stelle in den Kerker werfen ließ, weil er sie alle zum Narren gehalten hatte.

Das mußte nun die arme Rotraut alles mit ansehen. Sie hatte die Brille zu spät wiedergefunden, nun konnte sie dem Fingerknaben nicht mehr helfen. Traurig ging sie hinaus aus der Stadt.

Der Fingerknabe saß jetzt im dunklen Keller, in den sich kaum ein Sonnenstrahl verirrte. Und sooft er auch versuchte, an etwas Schönes zu denken, es gelang ihm nicht. Wasser und Brot schmeckten wie Wasser und Brot und nicht wie Wein und Kuchen. Erst nach langer Zeit wurde er wieder freigelassen. Der König verwies ihn des Landes, zum Tode sollte er nicht verurteilt werden, weil er das erste Bild wirklich so schön gemalt hatte. Viele Tage lief der Fingerknabe mühselig an seinen Stöcken, bis er wieder in seiner Hütte ankam. Er war sehr traurig geworden. Wie gern hätte er jetzt die kleine Rotraut bei sich gehabt, ja, jetzt hätte er ihr gern verziehen und sie auch ohne Krone und Königreich genommen, so sehr fehlte sie ihm, und so lieb hatte er sie doch im Grunde seines Herzens. Ohne seine Brille konnte er auch nichts Schönes mehr im Leben finden, alles erschien ihm grau und öde, selbst die blühenden Wiesen, über die er ging. Als er aber bei seiner Hütte ankam, saß auf der Bank vor dem Haus seine Prinzessin, die schöne Rotraut, und der ganze Hofstaat war um sie versammelt, Hund und Katze und Hühner.

Sie kam ihm freudig entgegen, setzte ihm die Brille wieder auf die Nase und sagte: »Ich habe sie wiedergefunden, und damit gefällst du mir viel besser, was bekomme ich als Finderlohn?«

»Einen Kuß«, sagte der Fingerknabe ganz glücklich, denn nun hatte er die geliebte Brille wiedergefunden und die kleine Rotraut dazu.

Sie wurden jetzt recht glücklich miteinander. Der Fingerknabe, dem durch die Brille das Leben wieder so schön und leicht erschien, war froh und zufrieden, auch wenn er keine richtige Prinzessin zur Frau hatte. Rotraut aber ging auf alles ein, was er an wunderlichen Dingen sagte: Sie aßen statt Brot schmackhaften Kuchen und tranken statt Milch den herrlichsten Wein. Der Fingerknabe malt immer noch Bilder, aber die sind nur für die Kinder in ihren Bilderbüchern bestimmt, und sie sind genauso schön, wie er alles durch seine Brille sieht. Und das macht den Kindern viel Freude.

Aus: A. Jensen: *Neue Volksmärchen.* Zürich 1951. Das Märchen wurde gekürzt und umgeschrieben.

Fische-Menschen werden mit einer »Brille« auf der Nase geboren, so wie sie der Fingerknabe von seinem Onkel erhält. Von Anfang an haben sie das Bedürfnis danach, die Welt in schönen, harmonischen Farben zu sehen. Alles Nüchterne, Alltägliche ist ihnen ein Greuel oder langweilt sie zutiefst. Voll Sehnsucht klammern sie sich an das Bild der wunderbaren Beziehung, an den Traum vom einzig Richtigen oder der einzig Richtigen, an die Hoffnung auf eine schöne, heile Welt. Nur widerstrebend lassen sie sich gelegentlich vom Gegenteil überzeugen, und sie nehmen jede Gelegenheit wahr, um die »Brille« der Verzauberung wieder aufzusetzen.

Doch sie sind die Idealisten unter uns, die uns zu lehren vermögen, wie die Welt in ihrer schönsten und reinsten Form aussehen könnte. Sie entwerfen ein Bild der Wirklichkeit, das dem Istzustand immer um vieles voraus ist, doch was wäre das Leben ohne Träume und ohne die Aussicht, sie zu verwirklichen?

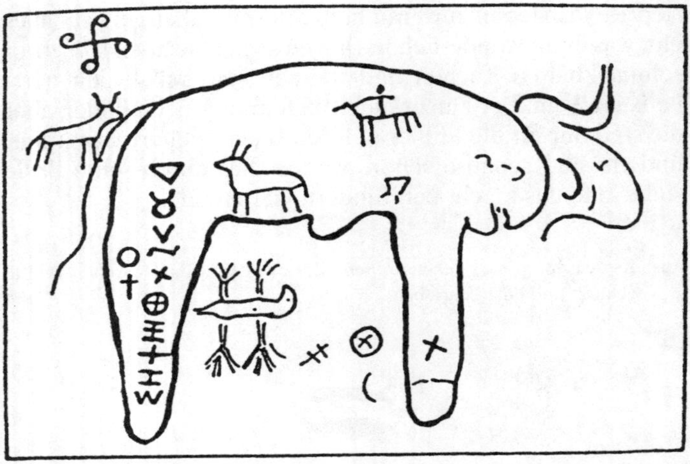

Die älteste bekannte Darstellung der Tierkreiszeichen (ca. 10 000 v. Chr.).
Aus: L. Frobenius, H. Obermaier: Hadschra Maktouba (Kurt Wolf-Verlag, München).

Anhang

Von wann bis wann ist man ein Fisch?

Beginn des Fische-Zeichens

19.02.1920 um 23:29; 19.02.1921 um 05:20;
19.02.1922 um 11:16; 19.02.1923 um 17:00;
19.02.1924 um 22:51; 19.02.1925 um 04:43;
19.02.1926 um 10:35; 19.02.1927 um 16:34;
19.02.1928 um 22:19; 19.02.1929 um 04:07;
19.02.1930 um 10:00; 19.02.1931 um 15:40;
19.02.1932 um 21:28; 19.02.1933 um 03:16;
19.02.1934 um 09:02; 19.02.1935 um 14:52;
19.02.1936 um 20:33; 19.02.1937 um 02:21;
19.02.1938 um 08:20; 19.02.1939 um 14:09;
19.02.1940 um 20:04; 19.02.1941 um 01:56;
19.02.1942 um 07:47; 19.02.1943 um 13:40;
19.02.1944 um 19:27; 19.02.1945 um 01:15;
19.02.1946 um 07:09; 19.02.1947 um 12:52;
19.02.1948 um 18:37; 19.02.1949 um 00:27;
19.02.1950 um 06:18; 19.02.1951 um 12:10;
19.02.1952 um 17:57; 18.02.1953 um 23:41;
19.02.1954 um 05:32; 19.02.1955 um 11:19;
19.02.1956 um 17:05; 18.02.1957 um 22:58;
19.02.1958 um 04:49; 19.02.1959 um 10:38;
19.02.1960 um 16:26; 18.02.1961 um 22:17;
19.02.1962 um 04:15; 19.02.1963 um 10:09;
19.02.1964 um 15:57; 18.02.1965 um 21:48;
19.02.1966 um 03:38; 19.02.1967 um 09:24;
19.02.1968 um 15:09; 18.02.1969 um 20:55;
19.02.1970 um 02:42; 19.02.1971 um 08:27;
19.02.1972 um 14:12; 18.02.1973 um 20:01;
19.02.1974 um 01:59; 19.02.1975 um 07:50;
19.02.1976 um 13:40; 18.02.1977 um 19:31;

19.02.1978 um 01:21; 19.02.1979 um 07:13;
19.02.1980 um 13:02; 18.02.1981 um 18:52;
19.02.1982 um 00:47; 19.02.1983 um 06:31;
19.02.1984 um 12:16; 18.02.1985 um 18:08;
18.02.1986 um 23:58; 19.02.1987 um 05:50;
19.02.1988 um 11:35; 18.02.1989 um 17:21;
18.02.1990 um 23:14; 19.02.1991 um 04:59;
19.02.1992 um 10:44; 18.02.1993 um 16:35;
18.02.1994 um 22:22; 19.02.1995 um 04:11;
19.02.1996 um 10:01; 18.02.1997 um 15:52;
18.02.1998 um 21:55; 19.02.1999 um 03:47;
19.02.2000 um 09:34; 18.02.2001 um 15:28;
18.02.2002 um 21:14; 19.02.2003 um 03:01;
19.02.2004 um 08:50; 18.02.2005 um 14:32;
18.02.2006 um 20:26; 19.02.2007 um 02:09;
19.02.2008 um 07:50; 18.02.2009 um 13:46;
18.02.2010 um 19:36; 19.02.2011 um 01:26.
Alle Zeitangaben in mitteleuropäischer Zeit.

Ende des Fische-Zeichens

20.03.1920 um 22:59; 21.03.1921 um 04:51;
21.03.1922 um 10:48; 21.03.1923 um 16:29;
20.03.1924 um 22:20; 21.03.1925 um 04:12;
21.03.1926 um 10:01; 21.03.1927 um 15:59;
20.03.1928 um 21:44; 21.03.1929 um 03:35;
21.03.1930 um 09:30; 21.03.1931 um 15:06;
20.03.1932 um 20:54; 21.03.1933 um 02:43;
21.03.1934 um 08:28; 21.03.1935 um 14:18;
20.03.1936 um 19:58; 21.03.1937 um 01:45;
21.03.1938 um 07:43; 21.03.1939 um 13:28;
20.03.1940 um 19:24; 21.03.1941 um 01:20;
21.03.1942 um 07:11; 21.03.1943 um 13:03;
20.03.1944 um 18:49; 21.03.1945 um 00:37;
21.03.1946 um 06:33; 21.03.1947 um 12:13;
20.03.1948 um 17:57; 20.03.1949 um 23:48;
21.03.1950 um 05:35; 21.03.1951 um 11:26;

20.03.1952 um 17:14; 20.03.1953 um 23:01; 21.03.1954 um 04:53; 21.03.1955 um 10:35; 20.03.1956 um 16:20; 20.03.1957 um 22:17; 21.03.1958 um 04:06; 21.03.1959 um 09:55; 20.03.1960 um 15:43; 20.03.1961 um 21:32; 21.03.1962 um 03:30; 21.03.1963 um 09:20; 20.03.1964 um 15:10; 20.03.1965 um 21:05; 21.03.1966 um 02:53; 21.03.1967 um 08:37; 20.03.1968 um 14:22; 20.03.1969 um 20:08; 21.03.1970 um 01:56; 21.03.1971 um 07:38; 20.03.1972 um 13:22; 20.03.1973 um 19:13; 21.03.1974 um 01:07; 21.03.1975 um 06:57; 20.03.1976 um 12:50; 20.03.1977 um 18:42; 21.03.1978 um 00:34; 21.03.1979 um 06:22; 20.03.1980 um 12:10; 20.03.1981 um 18:03; 20.03.1982 um 23:56; 21.03.1983 um 05:39; 20.03.1984 um 11:24; 20.03.1985 um 17:14 20.03.1986 um 23:03; 21.03.1987 um 04:52; 20.03.1988 um 10:39; 20.03.1989 um 16:28; 20.03.1990 um 22:19; 21.03.1991 um 04:02; 20.03.1992 um 09:48; 20.03.1993 um 15:41; 20.03.1994 um 21:28; 21.03.1995 um 03:15; 20.03.1996 um 09:03; 20.03.1997 um 14:55; 20.03.1998 um 20:55; 21.03.1999 um 02:46; 20.03.2000 um 08:36; 20.03.2001 um 14:31; 20.03.2002 um 20:16; 21.03.2003 um 02:00; 20.03.2004 um 07:49; 20.03.2005 um 13:34; 20.03.2006 um 19:26; 21.03.2007 um 01:08; 20.03.2008 um 06:48; 20.03.2009 um 12:44; 20.03.2010 um 18:32; 21.03.2011 um 00:21.
Alle Zeitangaben in mitteleuropäischer Zeit.

Lesebeispiel:

»19.02.1970 um 02:42«. Das heißt, am 19.02. 1970 trat die Sonne um 02:42 Uhr in das Tierkreiszeichen Fische. Wer nach 02:42 Uhr geboren wurde, ist also bereits ein Fisch, wer vor dieser Zeit zur Welt kam, noch ein Wassermann.

Die Bestimmung des Mondzeichens

Die einfache Anwendung der Mond-Tabelle

1. Suchen Sie zuerst die Spalte mit Ihrem *Geburtstag*.
2. Suchen Sie die Zeile, in der sich das *Geburtsjahr* befindet.
3. Lesen Sie das Mondzeichen ab.
4. Steht hinter der gesuchten Jahreszahl in Klammern eine Uhrzeit, kann sich der Mond statt im angegebenen Zeichen auch im vorhergehenden befinden. Also statt im Widder auch in den Fischen, statt im Stier auch im Widder und so weiter.
5. Lesen Sie die Texte zu beiden Mondzeichen, um herauszufinden, welches besser auf Sie zutrifft.

Genaue Bestimmung des Mondzeichens

1. Suchen Sie zuerst die Spalte, in der Ihr Geburtstag steht.
2. Wählen Sie die Zeile, in welcher der Jahrgang steht.
3. Ist Ihr Jahrgang nicht dabei, versuchen Sie Ihr Glück in der folgenden Spalte Ihres Geburtsdatums.
4. Da der Mond auch innerhalb eines Tages das Tierkreiszeichen wechseln kann, steht hinter manchen Jahreszahlen in Klammern eine Uhrzeit. Diese gibt in mitteleuropäischer Zeit an, um wieviel Uhr der Mond in

das am Ende der Zeile angegebene Zeichen wechselt. Wurden Sie vor der betreffenden Uhrzeit geboren, steht Ihr Mond nicht im aufgeführten Tierkreiszeichen, sondern in dem vorhergehenden. Wenn Sie die Symbole der Tierkreiszeichen nicht kennen, schauen Sie einfach auf Seite 15 nach.

5. Falls Sie an einem Tag geboren wurden, an dem der Mond das Tierkreiszeichen wechselt und Ihre Geburtszeit weniger als eine Stunde von der Uhrzeit des Zeichenwechsels abweicht, sollten Sie in der Tabelle »Sommerzeiten« nachschauen, ob an Ihrem Geburtstag Sommerzeit war. Bei »normaler« Sommerzeit müssen Sie eine Stunde von Ihrer Geburtszeit abziehen, um die MEZ (mitteleuropäische Zeit) zu erhalten. Bei doppelter Sommerzeit, die es nur 1945 gab, müssen zwei Stunden abgezogen werden, ebenso bei der Hochsommerzeit 1947.
6. Wenn Sie Ihre Geburtszeit nicht kennen, lesen Sie entweder unter beiden Mondzeichen nach und versuchen herauszufinden, welcher Text besser auf Sie zutrifft, oder Sie wenden sich schriftlich (mit frankiertem Rückumschlag) an das Standesamt Ihres Geburtsorts. Hier bekommen Sie in aller Regel umgehend Ihre genaue Geburtszeit mitgeteilt.

Falls Ihnen das alles zu kompliziert vorkommt: Es ist sehr viel leichter, als es im ersten Moment scheint. Zur Veranschaulichung ein paar praktische Beispiele.

Nehmen wir an, wir wollen wissen, welches Mondzeichen ein Mensch hat, der am 18.02.1981 geboren wurde.

Suchen Sie das fettgedruckte Datum 18.02. Gehen Sie in dieser Rubrik nach unten zu dem Jahrgang 1981. In derselben Zeile finden Sie das Symbol für das Tierkreiszeichen Jungfrau. Die Uhrzeit (23:34 Uhr) bedeutet, daß um diese Zeit der Mond in das Tierkreiszeichen Jungfrau wechselte. Wer vor dieser Uhrzeit geboren wurde, hatte also noch einen Löwemond.

Sommerzeiten

14.03.1921 23 h – 26.10.21 0 h MEZ franz. Zone
25.03.1922 23 h – 08.10.22 0 h MEZ franz. Zone
26.05.1923 23 h – 07.10.23 0 h MEZ franz. Zone
29.03.1924 23 h – 05.10.24 0 h MEZ franz. Zone
04.04.1925 23 h – 04.10.25 0 h MEZ franz. Zone
17.04.1926 23 h – 03.10.26 0 h MEZ franz. Zone
09.04.1927 23 h MEZ statt GMT franz. Zone
01.04.1940 2 h – 02.11.42 3 h MES*
01.01.1941 0 h – 02.11.42 3 h MES
01.01.1942 2 h – 02.11.42 3 h MES
29.03.1943 2 h – 04.10.43 3 h MES
03.04.1944 2 h – 02.10.44 3 h MES
02.04.1945 2 h – 16.09.45 2 h MES
(1945: doppelte Sommerzeit vom 24.05. bis 24.09., im sowjetisch besetzten Teil Deutschlands einschließlich West-Berlins bis 18.11. Sommerzeit)
14.04.1946 2 h – 07.10.46 3 h MES
06.04.1947 3 h – 11.05.47 3 h MES
11.05.1947 3 h – 29.06.47 3 h MES + 1
(1947: Vorstellung gegen MEZ: 2 Stunden [Hochsommerzeit])
29.06.1947 3 h – 05.10.47 3 h MES
18.04.1948 2 h – 03.10.48 3 h MES
10.04.1949 2 h – 02.10.49 3 h MES
06.04.1980 2 h – 28.09.80 3 h MES

29.03.1981 2 h – 27.09.81 3 h MES
28.03.1982 2 h – 26.09.82 3 h MES
27.03.1983 2 h – 25.09.83 3 h MES
25.03.1984 2 h – 30.09.84 3 h MES
31.03.1985 2 h – 29.09.85 3 h MES
30.03.1986 2 h – 28.09.86 3 h MES
29.03.1987 2 h – 27.09.87 3 h MES
27.03.1988 2 h – 25.09.88 3 h MES
26.03.1989 2 h – 24.09.89 3 h MES
25.03.1990 2 h – 30.09.90 3 h MES
31.03.1991 2 h – 29.09.91 3 h MES
29.03.1992 2 h – 27.09.92 3 h MES
28.03.1993 2 h – 26.09.93 3 h MES
27.03.1994 2 h – 25.09.94 3 h MES
26.03.1995 2 h – 24.09.95 3 h MES
31.03.1996 2 h – 27.10.96 3 h MES
30.03.1997 2 h – 26.10.97 3 h MES
29.03.1998 2 h – 25.10.98 3 h MES
28.03.1999 2 h – 31.10.99 3 h MES**
26.03.2000 2 h – 29.10.00 3 h MES**
25.03.2001 2 h – 28.10.01 3 h MES**

* 1940 bis 1942 durchgehend
** voraussichtlich (Stand 1998)

GMT = Greenwich mean time (Greenwich-Zeit)
MES = mitteleuropäische Sommerzeit
MEZ = mitteleuropäische Zeit

Geburtsdatum/ Mondzeichen		
18.02.		
1953	(10:50)	♉
1957		♎
1961		♈
1965	(07:45)	♎
1969		♓
1973		♍
1977	(05:45)	♓
1981	(23:34)	♍
1985		♒
1986		♊
1989	(01:33)	♌
1990		♐
1993	(20:05)	♒
1994	(19:05)	♊
1997		♋
1998		♏
2001		♑
2002		♉
2005	(18:13)	♋
2006	(18:11)	♏
2009		♐
2010		♈
19.02.		
1920	(22:39)	♓
1921		♋
1922		♐
1923		♈
1924		♌
1925		♑
1926	(13:22)	♊
1927	(11:31)	♎
1928	(03:47)	♒
1929	(07:45)	♋
1930		♏
1931		♓
1932	(20:49)	♌
1933	(20:22)	♑
1934		♉
1935		♍
1936		♑
1937		♊
1938	(12:37)	♏
1939	(09:52)	♓
1940	(02:46)	♋
1941		♐
1942		♈
1943		♌
1944	(18:33)	♑
1945	(09:01)	♊
1946		♎
1947		♒
1948		♊
1949	(23:49)	♐
1950	(14:01)	♈
1951	(09:01)	♌
1952		♐
1953		♉
1954		♍
1955		♑
1956	(10:51)	♊
1957	(02:06)	♏
1958		♓
1959		♋
1960		♏
1961	(19:21)	♉
1962	(13:26)	♍
1963	(10:00)	♑
1964		♉
1965		♎
1966		♒
1967		♊
1968		♏
1969	(00:49)	♈
1970		♌
1971		♐
1972	(12:11)	♉
1973	(18:58)	♎
1974	(12:21)	♒
1975	(08:35)	♊
1976		♎
1977		♓
1978		♋
1979		♏
1980		♈
1981		♍
1982		♑
1983		♉
1984	(04:39)	♎
1985	(17:38)	♓
1986	(13:39)	♋
1987	(01:04)	♏
1988	(19:35)	♈
1989		♌
1990		♐
1991	(15:24)	♉
1992		♍
1993		♒
1994		♊
1995		♎
1996	(01:09)	♓
1997	(14:52)	♌
1998	(14:56)	♐
1999		♈
2000	(16:53)	♍
2001		♑
2002		♉
2003	(05:48)	♎
2004		♒
2005		♋
2006		♏
2007	(20:06)	♈
2008		♌
2009	(14:25)	♑
2010	(11:55)	♉
20.02.		
1920		♓
1921	(05:34)	♌
1922		♐
1923		♈
1924	(15:45)	♍
1925	(19:21)	♒
1926		♊
1927		♎
1928		♒
1929		♋
1930	(07:49)	♐
1931	(07:21)	♈
1932		♌
1933		♑
1934		♉
1935		♍
1936	(13:47)	♒
1937	(10:04)	♋
1938		♏
1939		♓
1940		♋
1941	(23:54)	♑
1942	(08:57)	♉
1943	(05:20)	♍
1944		♑
1945		♊
1946		♎
1947	(23:57)	♓
1948	(10:09)	♋
1949		♐
1950		♈
1951		♌
1952	(23:49)	♑
1953	(15:27)	♊
1954	(10:14)	♎
1955	(04:33)	♒
1956		♊
1957		♏
1958		♓
1959	(22:38)	♌
1960	(00:12)	♐
1961		♉
1962		♍
1963		♑
1964	(12:48)	♊
1965	(12:45)	♏
1966	(09:05)	♓
1967	(04:48)	♋
1968		♏
1969		♈
1970		♌
1971	(21:37)	♑
1972		♉
1973		♎
1974		♒
1975		♊
1976	(01:14)	♏
1977	(13:22)	♈
1978	(08:10)	♌
1979	(00:51)	♐
1980	(15:35)	♉
1981		♍
1982		♑
1983	(15:52)	♊
1984		♎
1985		♓
1986		♋
1987		♏
1988		♈
1989	(12:34)	♍
1990	(09:30)	♑
1991		♉
1992	(11:04)	♎
1993		♒
1994		♊
1995	(04:55)	♏
1996		♓
1997		♌
1998		♐
1999	(18:29)	♉
2000		♍
2001	(10:53)	♒
2002	(09:50)	♊
2003		♎
2004	(08:27)	♓
2005		♋
2006		♏
2007		♈
2008		♌
2009		♑
2010		♉
21.02.		
1920		♓
1921		♌
1922	(05:05)	♑
1923	(04:15)	♉
1924		♍
1925		♒
1926	(23:28)	♋
1927		♎
1928	(08:05)	♓
1929	(09:41)	♌
1930		♐
1931		♈
1932	(23:25)	♍
1933	(23:29)	♒
1934	(03:16)	♊
1935	(03:02)	♎
1936		♒
1937		♋
1938	(23:33)	♐
1939	(21:23)	♈

Geburtsdatum/ Mondzeichen		
1940	(05:19)	♌
1941		♑
1942		♉
1943		♍
1944	(20:27)	♒
1945	(14:43)	♋
1946	(05:05)	♏
1947		♓
1948		♋
1949		♐
1950		♈
1951	(17:43)	♍
1952		♑
1953		♊
1954		♎
1955		♒
1956	(13:50)	♋
1957	(08:23)	♐
1958	(06:02)	♈
1959		♌
1960		♐
1961		♉
1962		♍
1963	(16:23)	♒
1964		♊
1965		♏
1966		♓
1967		♋
1968	(01:48)	♐
1969	(08:02)	♉
1970	(04:42)	♍
1971		♑
1972	(14:35)	♊
1973		♎
1974		♒
1975	(14:18)	♋
1976		♏
1977		♈
1978		♌
1979		♐
1980		♉
1981	(09:12)	♎
1982	(04:15)	♒
1983		♊
1984	(05:44)	♏
1985		♓
1986	(23:25)	♌
1987	(06:09)	♐
1988	(21:50)	♉
1989		♍
1990		♑
1991	(19:10)	♊
1992		♎
1993	(08:12)	♓
1994	(05:27)	♋
1995		♏
1996	(02:58)	♈
1997		♌
1998	(23:30)	♑
1999		♉
2000	(20:21)	♎
2001		♒
2002		♊
2003	(07:09)	♏
2004		♓
2005	(06:54)	♌
2006	(03:38)	♐
2007	(21:03)	♉
2008	(01:06)	♍
2009		♑
2010	(19:47)	♊
22.02.		
1920	(04:36)	♈
1921	(05:20)	♍
1922		♑
1923		♉
1924	(19:57)	♎
1925	(20:36)	♓
1926		♋
1927	(00:08)	♏
1928		♓
1929		♌
1930	(19:13)	♑
1931	(19:54)	♉
1932		♍
1933		♒
1934		♊
1935		♎
1936	(14:55)	♓
1937	(14:51)	♌
1938		♐
1939		♈
1940		♌
1941		♑
1942	(20:47)	♊
1943	(15:30)	♎
1944		♒
1945		♋
1946		♏
1947		♓
1948	(11:07)	♌
1949	(06:50)	♑
1950	(02:12)	♉
1951		♍
1952		♑
1953	(23:48)	♋
1954	(22:43)	♏
1955	(11:09)	♓
1956		♋
1957		♐
1958		♈
1959		♌
1960	(02:39)	♑
1961	(02:51)	♊
1962	(02:21)	♎
1963		♒
1964	(15:49)	♋
1965	(21:57)	♐
1966	(21:30)	♈
1967	(09:04)	♌
1968		♐
1969		♉
1970		♍
1971		♑
1972		♊
1973	(03:35)	♏
1974	(00:15)	♓
1975		♋
1976	(04:18)	♐
1977		♈
1978	(18:39)	♍
1979	(05:00)	♑
1980	(18:58)	♊
1981		♎
1982		♒
1983	(19:31)	♋
1984		♏
1985	(04:43)	♈
1986		♌
1987		♐
1988		♉
1989		♍
1990	(17:52)	♒
1991		♊
1992	(14:11)	♏
1993		♓
1994		♋
1995	(08:13)	♐
1996		♈
1997	(03:38)	♍
1998		♑
1999	(20:54)	♊
2000		♎
2001	(23:45)	♓
2002	(17:16)	♋
2003		♏
2004	(13:45)	♈
2005		♌
2006		♐
2007		♉
2008		♍
2009	(03:06)	♒
2010		♊
23.02.		
1920		♈
1921		♍
1922	(16:12)	♒
1923	(16:31)	♊
1924		♎
1925		♓
1926		♋
1927		♏
1928	(10:09)	♈
1929	(11:58)	♍
1930		♑
1931		♉
1932		♍
1933		♒
1934	(15:22)	♋
1935	(14:04)	♏
1936		♓
1937		♌
1938		♐
1939		♈
1940	(05:11)	♍
1941	(06:01)	♒
1942		♊
1943		♎
1944	(20:09)	♓
1945	(22:58)	♌
1946	(17:41)	♐
1947	(07:58)	♈
1948		♌
1949		♑
1950		♉
1951		♍
1952	(00:48)	♒
1953		♋
1954		♏
1955		♓
1956	(15:10)	♌
1957	(18:27)	♑
1958	(19:05)	♉
1959	(03:06)	♍
1960		♑
1961		♊
1962		♎
1963	(19:17)	♓
1964		♋
1965		♐
1966		♈
1967		♌
1968	(05:12)	♑
1969	(18:41)	♊
1970	(16:30)	♎
1971	(00:43)	♒
1972	(18:52)	♋
1973		♏
1974		♓
1975	(16:13)	♌
1976		♐
1977	(00:06)	♉
1978		♍
1979		♑
1980		♊
1981	(20:54)	♏
1982	(13:09)	♓
1983		♋

Geburtsdatum/ Mondzeichen		
1984	(10:22)	♐
1985		♈
1986		♌
1987	(08:57)	♑
1988		♉
1989	(01:05)	♎
1990		♒
1991	(21:56)	♋
1992		♏
1993	(20:50)	♈
1994	(11:48)	♌
1995		♐
1996	(08:08)	♉
1997		♍
1998		♑
1999		♊
2000		♎
2001		♓
2002		♋
2003	(09:46)	♐
2004		♈
2005	(18:44)	♍
2006	(09:16)	♑
2007	(23:42)	♊
2008	(08:45)	♎
2009		♒
2010		♊
24.02.		
1920	(09:06)	♉
1921	(06:21)	♎
1922		♒
1923		♊
1924	(22:47)	♏
1925	(23:21)	♈
1926	(12:00)	♌
1927	(11:35)	♐
1928		♈
1929		♍
1930		♑
1931		♉
1932	(00:22)	♎
1933	(03:56)	♓
1934		♋
1935		♏
1936	(14:35)	♈
1937	(21:04)	♍
1938	(12:28)	♑
1939	(07:19)	♉
1940		♍
1941		♒
1942		♊
1943	(23:25)	♏
1944		♓
1945		♌
1946		♐
1947		♈
1948	(10:22)	♍

Geburtsdatum/ Mondzeichen		
1949	(16:26)	♒
1950	(15:03)	♊
1951	(00:01)	♎
1952		♒
1953		♋
1954		♏
1955	(15:06)	♈
1956		♌
1957		♑
1958		♉
1959		♍
1960	(04:32)	♒
1961	(13:49)	♋
1962	(14:36)	♏
1963		♓
1964	(19:11)	♌
1965		♐
1966		♈
1967	(10:04)	♍
1968		♑
1969		♊
1970		♎
1971		♒
1972		♋
1973	(15:14)	♐
1974	(10:12)	♈
1975		♌
1976	(09:54)	♑
1977		♉
1978		♍
1979	(06:12)	♒
1980		♊
1981		♏
1982		♓
1983	(20:47)	♌
1984		♐
1985	(17:27)	♉
1986	(05:58)	♍
1987		♑
1988	(03:42)	♊
1989		♎
1990	(22:50)	♓
1991		♋
1992	(21:26)	♐
1993		♈
1994		♌
1995	(11:11)	♑
1996		♉
1997	(16:23)	♎
1998	(04:10)	♒
1999		♊
2000	(02:58)	♏
2001		♓
2002	(20:36)	♌
2003		♐
2004	(22:30)	♉
2005		♍

Geburtsdatum/ Mondzeichen		
2006		♑
2007		♊
2008		♎
2009	(14:00)	♓
2010	(00:29)	♋
25.02.		
1920		♉
1921		♎
1922		♒
1923		♊
1924		♏
1925		♈
1926		♌
1927		♐
1928	(11:42)	♉
1929	(16:15)	♎
1930	(07:57)	♒
1931	(06:13)	♊
1932		♎
1933		♓
1934		♋
1935	(22:40)	♐
1936		♈
1937		♍
1938		♑
1939		♉
1940	(04:29)	♎
1941	(14:18)	♓
1942	(09:15)	♋
1943		♏
1944	(19:31)	♈
1945		♌
1946		♐
1947	(14:08)	♉
1948		♍
1949		♒
1950		♊
1951		♎
1952	(01:01)	♓
1953	(11:05)	♌
1954	(11:00)	♐
1955		♈
1956	(16:05)	♍
1957		♑
1958		♉
1959	(05:29)	♎
1960		♒
1961		♋
1962		♏
1963	(20:05)	♈
1964		♌
1965	(10:17)	♑
1966	(08:53)	♉
1967		♍
1968	(09:37)	♒
1969		♊
1970		♎

Geburtsdatum/ Mondzeichen		
1971	(01:05)	♓
1972		♋
1973		♐
1974		♈
1975	(15:37)	♍
1976		♑
1977	(12:50)	♊
1978	(03:03)	♎
1979		♒
1980	(01:34)	♋
1981		♏
1982	(19:17)	♈
1983		♌
1984	(18:49)	♑
1985		♉
1986		♍
1987	(10:08)	♒
1988		♊
1989	(13:57)	♏
1990		♓
1991		♋
1992		♐
1993		♈
1994	(14:27)	♍
1995		♑
1996	(17:14)	♊
1997		♎
1998		♒
1999	(00:09)	♋
2000		♏
2001	(11:20)	♈
2002		♌
2003	(14:11)	♑
2004		♉
2005		♍
2006	(11:14)	♒
2007		♊
2008	(19:06)	♏
2009		♓
2010		♋
26.02.		
1920	(12:42)	♊
1921	(10:28)	♏
1922	(04:45)	♓
1923	(01:57)	♋
1924		♏
1925		♈
1926		♌
1927	(19:56)	♑
1928		♉
1929		♎
1930		♒
1931		♊
1932	(01:20)	♏
1933	(10:42)	♈
1934	(04:13)	♌
1935		♐

Geburtsdatum/ Mondzeichen		
1936	(14:51)	♉
1937		♍
1938		♑
1939	(14:47)	♊
1940		♎
1941		♓
1942		♋
1943		♏
1944		♈
1945	(09:13)	♍
1946	(06:01)	♑
1947		♉
1948	(10:05)	♎
1949		♒
1950		♊
1951	(04:31)	♏
1952		♓
1953		♌
1954		♐
1955	(17:46)	♉
1956		♍
1957	(06:42)	♒
1958	(06:52)	♊
1959		♎
1960	(07:04)	♓
1961		♋
1962		♏
1963		♈
1964	(23:30)	♍
1965		♑
1966		♉
1967	(09:44)	♎
1968		♒
1969	(07:11)	♋
1970	(02:23)	♏
1971		♓
1972	(01:15)	♌
1973		♐
1974	(18:11)	♉
1975		♍
1976	(17:48)	♒
1977		♊
1978		♎
1979	(05:52)	♓
1980		♋
1981	(09:29)	♐
1982		♈
1983	(20:49)	♍
1984		♑
1985		♉
1986	(10:07)	♎
1987		♒
1988	(13:12)	♋
1989		♏
1990		♓
1991	(00:13)	♌
1992		♐
1993	(09:11)	♉
1994		♍
1995	(14:14)	♒
1996		♊
1997		♎
1998	(05:42)	♓
1999		♋
2000	(13:10)	♐
2001		♈
2002	(20:47)	♍
2003		♑
2004		♉
2005	(04:59)	♎
2006		♒
2007	(04:48)	♋
2008		♏
2009	(22:24)	♈
2010	(02:08)	♌
27.02.		
1920		♊
1921		♏
1922		♓
1923		♋
1924	(01:16)	♐
1925	(05:04)	♉
1926	(00:59)	♍
1927		♑
1928	(14:07)	♊
1929	(23:54)	♏
1930	(20:13)	♓
1931	(12:47)	♋
1932		♏
1933		♈
1934		♌
1935		♐
1936		♉
1937	(05:26)	♎
1938	(00:36)	♒
1939		♊
1940	(05:13)	♏
1941		♓
1942	(20:06)	♌
1943	(04:59)	♐
1944	(20:36)	♉
1945		♍
1946		♑
1947	(18:47)	♊
1948		♎
1949	(03:54)	♓
1950	(02:03)	♋
1951		♏
1952	(02:12)	♈
1953	(23:51)	♍
1954	(20:58)	♑
1955		♉
1956	(18:20)	♎
1957		♒
1958		♊
1959	(07:15)	♏
1960		♓
1961	(02:34)	♌
1962	(00:46)	♐
1963	(20:38)	♉
1964		♍
1965	(23:14)	♒
1966	(18:03)	♊
1967		♎
1968	(15:42)	♓
1969		♋
1970		♏
1971	(00:30)	♈
1972		♌
1973	(04:04)	♑
1974		♉
1975	(14:38)	♎
1976		♒
1977		♊
1978	(09:28)	♏
1979		♓
1980	(11:10)	♌
1981		♐
1982	(23:32)	♉
1983		♍
1984		♑
1985	(06:11)	♊
1986		♎
1987	(11:07)	♓
1988		♋
1989		♏
1990	(01:16)	♈
1991		♌
1992	(08:33)	♑
1993		♉
1994	(15:06)	♎
1995		♒
1996		♊
1997	(03:57)	♏
1998		♓
1999	(04:44)	♌
2000		♐
2001	(21:06)	♉
2002		♍
2003	(20:24)	♒
2004	(10:22)	♊
2005		♎
2006	(10:56)	♓
2007		♋
2008		♏
2009		♈
2010		♌
28.02.		
1920	(15:40)	♋
1921	(18:36)	♐
1922	(17:41)	♈
1923	(07:30)	♌
1924		♐
1925		♉
1926		♍
1927		♑
1928		♊
1929		♏
1930		♓
1931		♋
1932	(03:39)	♐
1933	(20:20)	♉
1934	(15:46)	♍
1935	(04:05)	♑
1936	(17:30)	♊
1937		♎
1938		♒
1939	(19:07)	♋
1940		♏
1941	(00:54)	♈
1942		♌
1943		♐
1944		♉
1945	(20:57)	♎
1946	(15:35)	♒
1947		♊
1948	(12:24)	♏
1949		♓
1950		♋
1951	(07:49)	♐
1952		♈
1953		♍
1954		♑
1955	(20:24)	♊
1956		♎
1957	(19:25)	♓
1958	(15:17)	♋
1959		♏
1960	(11:38)	♈
1961		♌
1962		♐
1963		♉
1964		♍
1965		♒
1966		♊
1967	(10:09)	♏
1968		♓
1969	(19:12)	♌
1970	(09:38)	♐
1971		♈
1972	(09:39)	♍
1973		♑
1974		♉
1975		♎
1976		♒
1977	(01:02)	♋
1978		♏
1979	(05:54)	♈

Geburtsdatum/ Mondzeichen	Geburtsdatum/ Mondzeichen	Geburtsdatum/ Mondzeichen	Geburtsdatum/ Mondzeichen
1980 ♌	1921 ♐	1978 (14:02) ♐	1943 ♑
1981 (20:46) ♑	1922 ♈	1979 ♈	1944 ♊
1982 ♉	1923 ♌	1980 ♍	1945 ♎
1983 (21:30) ♎	1924 ♑	1981 ♑	1946 (21:25) ♓
1984 (06:02) ♒	1925 (14:26) ♊	1982 ♉	1947 ♋
1985 ♊	1926 (13:03) ♎	1983 ♎	1948 ♐
1986 (13:06) ♏	1927 (00:14) ♒	1984 (18:29) ♓	1949 ♈
1987 ♓	1928 ♋	1985 (16:23) ♋	1950 ♌
1988 ♋	1929 ♏	1986 ♏	1951 (10:29) ♑
1989 (01:29) ♐	1930 ♓	1987 (13:37) ♈	1952 (13:36) ♊
1990 ♈	1931 (15:25) ♌	1988 ♌	1953 (12:41) ♎
1991 (02:50) ♍	1932 (08:06) ♑	1989 ♐	1954 (03:07) ♒
1992 ♑	1933 ♉	1990 (02:43) ♉	1955 (23:40) ♋
1993 (19:52) ♊	1934 ♍	1991 ♍	1956 ♏
1994 ♎	1935 ♑	1992 ♒	1957 ♓
1995 (18:16) ♓	1936 (23:25) ♋	1993 ♊	1958 (19:27) ♌
1996 (05:10) ♋	1937 (16:23) ♏	1994 (15:43) ♏	1959 ♐
1997 ♏	1938 (10:13) ♓	1995 ♓	1960 ♉
1998 (05:42) ♈	1939 ♋	1996 (17:47) ♌	1961 ♍
1999 ♌	1940 ♐	1997 (13:01) ♐	1962 ♑
2000 ♐	1941 ♈	1998 ♈	1963 ♊
2001 ♉	1942 ♌	1999 (11:05) ♍	1964 (14:54) ♏
2002 (19:47) ♎	1943 (08:19) ♑	2000 ♑	1965 (10:38) ♓
2003 ♒	1944 (01:06) ♊	2001 ♉	1966 ♋
2004 ♊	1945 ♎	2002 ♎	1967 (12:53) ♐
2005 (13:21) ♏	1946 ♒	2003 ♒	1968 ♈
2006 ♓	1947 (21:59) ♋	2004 ♋	1969 ♌
2007 (12:29) ♌	1948 (18:41) ♐	2005 ♏	1970 (13:54) ♑
2008 (07:22) ♐	1949 (16:35) ♈	2006 (10:18) ♈	1971 ♉
2009 ♈	1950 (09:30) ♌	2007 ♌	1972 ♎
2010 (01:52) ♍	1951 ♐	2008 (19:33) ♑	1973 ♒
29.02.	1952 ♉	2009 (04:33) ♉	1974 ♊
1920 ♋	1953 ♍	2010 ♍	1975 ♏
1924 (04:12) ♑	1954 ♑	**02.03.**	1976 (15:22) ♈
1928 (18:04) ♋	1955 ♊	1920 ♌	1977 (10:25) ♌
1932 ♐	1956 ♏	1921 ♐	1978 ♐
1936 ♊	1957 ♓	1922 ♈	1979 (08:09) ♉
1940 (08:54) ♐	1958 ♋	1923 (09:41) ♍	1980 ♍
1944 ♉	1959 (09:33) ♐	1924 (08:11) ♒	1981 ♑
1948 ♏	1960 (19:18) ♉	1925 ♊	1982 (02:50) ♊
1952 (06:02) ♉	1961 (15:12) ♍	1926 ♎	1983 ♎
1956 (23:45) ♏	1962 (07:38) ♑	1927 ♒	1984 ♓
1960 ♈	1963 (22:39) ♊	1928 (23:38) ♌	1985 ♋
1964 (05:46) ♎	1964 ♎	1929 (11:03) ♐	1986 (15:51) ♐
1968 ♓	1965 ♒	1930 (07:08) ♈	1987 ♈
1972 ♍	1966 (23:48) ♋	1931 ♌	1988 (14:06) ♍
1976 (03:42) ♓	1967 ♏	1932 ♑	1989 (09:58) ♑
1980 (22:53) ♍	1968 (00:14) ♈	1933 ♉	1990 ♉
1984 ♒	1969 ♌	1934 ♍	1991 (07:03) ♎
1988 (01:12) ♌	1970 ♐	1935 (06:16) ♒	1992 ♒
1992 (21:34) ♒	1971 (00:54) ♉	1936 ♋	1993 ♊
1996 ♋	1972 (20:00) ♎	1937 ♏	1994 ♏
2000 (01:45) ♑	1973 (15:22) ♒	1938 ♓	1995 ♓
2004 (23:12) ♋	1974 (00:10) ♊	1939 (20:30) ♌	1996 ♌
2008 ♐	1975 (15:33) ♏	1940 (16:02) ♑	1997 ♐
01.03.	1976 ♓	1941 (13:23) ♉	1998 (06:00) ♉
1920 (18:23) ♌	1977 ♋	1942 (04:06) ♍	1999 ♍

Geburtsdatum/ Mondzeichen		
2000	(14:14)	♒
2001	(04:36)	♊
2002	(19:51)	♏
2003	(04:26)	♓
2004		♋
2005	(19:29)	♐
2006		♈
2007	(22:32)	♍
2008		♑
2009		♉
2010	(01:31)	♎
03.03.		
1920	(21:40)	♍
1921	(06:03)	♑
1922	(05:52)	♉
1923		♍
1924		♒
1925		♊
1926	(23:28)	♏
1927	(01:05)	♓
1928		♌
1929		♐
1930		♈
1931	(15:21)	♍
1932	(15:00)	♒
1933	(08:17)	♊
1934	(01:02)	♎
1935		♒
1936		♋
1937		♏
1938	(17:16)	♈
1939		♌
1940		♑
1941		♉
1942		♍
1943	(09:56)	♒
1944	(09:38)	♋
1945	(09:32)	♏
1946		♓
1947	(24:00)	♌
1948		♐
1949		♈
1950	(13:24)	♍
1951		♑
1952		♊
1953		♎
1954		♒
1955		♋
1956	(09:09)	♐
1957	(07:31)	♈
1958		♌
1959	(13:05)	♑
1960		♉
1961		♍
1962	(10:52)	♒
1963		♊
1964		♏
1965		♓
1966		♋
1967		♐
1968	(11:28)	♉
1969	(05:07)	♍
1970		♑
1971	(04:01)	♊
1972		♎
1973	(23:31)	♓
1974	(04:00)	♋
1975	(20:05)	♐
1976		♈
1977		♌
1978	(16:58)	♑
1979		♉
1980	(11:40)	♎
1981	(04:51)	♒
1982		♊
1983	(00:51)	♏
1984		♓
1985	(22:28)	♌
1986		♐
1987	(19:11)	♉
1988		♍
1989		♑
1990	(04:37)	♊
1991		♎
1992	(10:11)	♓
1993	(03:16)	♋
1994	(17:54)	♐
1995	(00:30)	♈
1996		♌
1997	(18:39)	♑
1998		♉
1999	(19:34)	♎
2000		♒
2001		♊
2002		♏
2003		♓
2004	(10:18)	♌
2005		♐
2006	(11:22)	♉
2007		♍
2008		♑
2009	(08:59)	♊
2010		♎
04.03.		
1920		♍
1921		♑
1922		♉
1923	(10:00)	♎
1924	(13:44)	♓
1925	(02:38)	♋
1926		♏
1927		♓
1928		♌
1929	(23:55)	♑
1930	(16:19)	♉
1931		♍
1932		♒
1933		♊
1934		♎
1935	(06:13)	♓
1936	(08:20)	♌
1937	(05:08)	♐
1938		♈
1939	(20:17)	♍
1940		♑
1941		♉
1942	(09:23)	♎
1943		♒
1944		♋
1945		♏
1946		♓
1947		♌
1948	(04:50)	♑
1949	(05:33)	♉
1950		♍
1951	(13:11)	♒
1952		♊
1953		♎
1954	(05:32)	♓
1955		♋
1956		♐
1957		♈
1958	(20:15)	♍
1959		♑
1960	(06:08)	♊
1961	(02:21)	♎
1962		♒
1963	(03:08)	♋
1964		♏
1965	(19:45)	♈
1966	(01:57)	♌
1967	(18:35)	♑
1968		♉
1969		♍
1970	(15:34)	♒
1971		♊
1972	(08:00)	♏
1973		♓
1974		♋
1975		♐
1976		♈
1977	(16:19)	♍
1978		♑
1979	(13:58)	♊
1980		♎
1981		♒
1982	(05:48)	♋
1983		♏
1984	(07:07)	♈
1985		♌
1986	(18:56)	♑
1987		♉
1988		♍
1989	(14:36)	♒
1990		♊
1991	(14:08)	♏
1992		♓
1993		♋
1994		♐
1995		♈
1996	(05:13)	♍
1997		♑
1998	(08:15)	♊
1999		♎
2000		♒
2001	(09:24)	♋
2002	(22:55)	♐
2003	(14:30)	♈
2004		♌
2005	(23:12)	♑
2006		♉
2007		♍
2008	(05:24)	♒
2009		♊
2010	(03:11)	♏
05.03.		
1920		♍
1921	(18:46)	♒
1922	(15:49)	♊
1923		♎
1924		♓
1925		♋
1926		♏
1927	(00:19)	♈
1928	(06:51)	♍
1929		♑
1930		♉
1931	(14:32)	♎
1932		♒
1933	(20:43)	♋
1934	(07:59)	♏
1935		♓
1936		♌
1937		♐
1938	(22:29)	♉
1939		♍
1940	(02:07)	♒
1941	(02:12)	♊
1942		♎
1943	(10:54)	♓
1944	(21:19)	♌
1945	(21:45)	♐
1946	(00:23)	♈
1947		♌
1948		♑
1949		♉
1950	(15:00)	♎
1951		♒

Geburtsdatum/ Mondzeichen			Geburtsdatum/ Mondzeichen			Geburtsdatum/ Mondzeichen			Geburtsdatum/ Mondzeichen		
1952	(00:40)	♋	2009	(12:07)	♋	1974		♌	1939		♎
1953	(00:31)	♏	2010		♏	1975	(04:39)	♑	1940	(14:07)	♓
1954		♓	**06.03.**			1976		♉	1941	(13:04)	♋
1955	(03:48)	♌	1920	(02:53)	♎	1977	(19:34)	♎	1942		♏
1956	(21:32)	♑	1921		♒	1978		♒	1943	(12:41)	♈
1957	(18:20)	♉	1922		♊	1979	(23:34)	♋	1944		♌
1958		♍	1923	(10:16)	♏	1980	(00:22)	♏	1945		♐
1959	(18:16)	♒	1924	(21:26)	♈	1981		♓	1946	(02:08)	♉
1960		♊	1925	(15:22)	♌	1982	(08:50)	♌	1947		♍
1961		♎	1926	(07:40)	♐	1983		♐	1948		♒
1962	(11:16)	♓	1927		♈	1984	(19:09)	♉	1949		♊
1963		♋	1928		♍	1985	(00:43)	♍	1950	(15:55)	♏
1964	(02:47)	♐	1929		♑	1986	(22:42)	♒	1951		♓
1965		♈	1930	(23:16)	♊	1987	(04:26)	♊	1952	(13:30)	♌
1966		♌	1931		♎	1988		♎	1953	(10:20)	♐
1967		♑	1932	(00:15)	♓	1989	(15:59)	♓	1954		♈
1968		♉	1933		♋	1990		♋	1955	(09:09)	♍
1969	(12:34)	♎	1934		♏	1991		♏	1956		♑
1970		♒	1935	(05:40)	♈	1992		♈	1957		♉
1971	(10:47)	♋	1936	(19:18)	♍	1993		♌	1958		♎
1972		♏	1937	(17:23)	♑	1994		♑	1959		♒
1973		♓	1938		♉	1995		♉	1960		♋
1974	(05:49)	♌	1939	(20:25)	♎	1996	(14:40)	♎	1961		♏
1975		♐	1940		♒	1997		♒	1962	(10:32)	♈
1976	(04:18)	♉	1941		♊	1998	(13:27)	♋	1963		♌
1977		♍	1942	(12:50)	♏	1999	(06:22)	♏	1964	(15:35)	♑
1978	(18:51)	♒	1943		♓	2000		♓	1965	(02:49)	♉
1979		♊	1944		♌	2001	(11:30)	♌	1966		♍
1980		♎	1945		♐	2002		♐	1967	(03:03)	♒
1981	(09:12)	♓	1946		♈	2003		♈	1968		♊
1982		♋	1947	(01:46)	♍	2004		♍	1969	(17:56)	♏
1983	(08:15)	♐	1948	(17:14)	♒	2005		♑	1970		♓
1984		♈	1949	(17:05)	♊	2006		♊	1971	(20:55)	♌
1985		♌	1950		♎	2007		♎	1972		♐
1986		♑	1951	(16:45)	♓	2008	(11:53)	♓	1973		♈
1987		♉	1952		♋	2009		♋	1974	(06:33)	♍
1988	(02:32)	♎	1953		♏	2010	(08:36)	♐	1975		♑
1989		♒	1954	(05:40)	♈	**07.03.**			1976	(16:56)	♊
1990	(08:02)	♋	1955		♌	1920		♎	1977		♎
1991		♏	1956		♑	1921		♒	1978	(20:46)	♓
1992	(21:07)	♈	1957		♉	1922	(22:19)	♋	1979		♋
1993	(06:40)	♌	1958	(19:35)	♎	1923		♏	1980		♏
1994	(22:24)	♑	1959		♒	1924		♈	1981	(10:48)	♈
1995	(09:50)	♉	1960	(18:37)	♋	1925		♌	1982		♌
1996		♍	1961	(11:24)	♏	1926		♐	1983	(19:29)	♑
1997	(20:54)	♒	1962		♓	1927	(00:07)	♉	1984		♉
1998		♊	1963	(10:15)	♌	1928	(16:04)	♎	1985		♍
1999		♎	1964		♐	1929	(11:44)	♒	1986		♒
2000	(00:30)	♓	1965		♈	1930		♊	1987		♊
2001		♋	1966	(01:36)	♍	1931	(15:03)	♏	1988	(13:27)	♏
2002		♐	1967		♑	1932		♓	1989		♓
2003		♈	1968	(00:17)	♊	1933		♋	1990	(13:25)	♌
2004	(18:18)	♍	1969		♎	1934	(12:58)	♐	1991	(00:35)	♐
2005		♑	1970	(15:49)	♓	1935		♈	1992		♈
2006	(15:38)	♊	1971		♋	1936		♍	1993	(06:52)	♍
2007	(10:25)	♎	1972	(20:36)	♐	1937		♑	1994		♑
2008		♒	1973	(04:37)	♈	1938		♉	1995	(21:55)	♊

Geburtsdatum/ Mondzeichen		
1996		♎
1997	(20:57)	♓
1998		♋
1999		♏
2000	(07:54)	♈
2001		♌
2002	(05:48)	♑
2003	(02:36)	♉
2004	(23:31)	♎
2005	(00:49)	♒
2006	(23:38)	♋
2007	(23:16)	♏
2008		♓
2009	(14:24)	♌
2010		♐
08.03.		
1920	(11:10)	♏
1921	(06:44)	♓
1922		♋
1923	(12:05)	♐
1924		♈
1925		♌
1926	(13:06)	♑
1927		♉
1928		♎
1929		♒
1930		♊
1931		♏
1932	(11:35)	♈
1933	(07:18)	♌
1934		♐
1935	(06:43)	♉
1936		♍
1937		♑
1938	(02:33)	♊
1939	(23:00)	♏
1940		♓
1941		♋
1942	(15:28)	♐
1943		♈
1944	(10:18)	♍
1945	(07:37)	♑
1946		♉
1947	(04:51)	♎
1948		♒
1949		♊
1950		♏
1951	(22:16)	♈
1952		♌
1953		♐
1954	(05:32)	♉
1955		♍
1956	(10:19)	♒
1957	(03:03)	♊
1958	(19:34)	♏
1959	(01:25)	♓
1960		♋

Geburtsdatum/ Mondzeichen		
1961	(18:04)	♐
1962		♈
1963	(19:34)	♍
1964		♑
1965		♉
1966	(00:48)	♎
1967		♒
1968	(12:21)	♋
1969		♏
1970	(16:16)	♈
1971		♌
1972		♐
1973	(07:51)	♉
1974		♍
1975	(16:09)	♒
1976		♊
1977	(21:37)	♏
1978		♓
1979		♋
1980	(11:38)	♐
1981		♈
1982	(12:27)	♍
1983		♑
1984		♉
1985	(00:47)	♎
1986		♒
1987	(16:24)	♋
1988		♏
1989	(15:36)	♈
1990		♌
1991		♐
1992	(06:05)	♉
1993		♍
1994	(05:15)	♒
1995		♊
1996	(22:05)	♏
1997		♓
1998	(21:46)	♌
1999	(18:46)	♐
2000		♈
2001	(11:44)	♍
2002		♑
2003		♉
2004		♎
2005		♒
2006		♋
2007		♏
2008	(15:23)	♈
2009		♌
2010	(18:13)	♑
09.03.		
1920		♏
1921		♓
1922		♋
1923		♐
1924	(07:35)	♉
1925	(02:24)	♍

Geburtsdatum/ Mondzeichen		
1926		♑
1927	(02:29)	♊
1928		♎
1929	(20:44)	♓
1930	(03:34)	♋
1931	(18:30)	♐
1932		♈
1933		♌
1934	(16:22)	♑
1935		♉
1936	(07:26)	♎
1937	(02:36)	♒
1938		♊
1939		♏
1940		♓
1941	(20:19)	♌
1942		♐
1943	(16:53)	♉
1944		♍
1945		♑
1946	(04:12)	♊
1947		♎
1948	(05:53)	♓
1949	(01:21)	♋
1950	(17:37)	♐
1951		♈
1952		♌
1953	(17:10)	♑
1954		♉
1955	(16:20)	♎
1956		♒
1957		♊
1958		♏
1959		♓
1960	(06:25)	♌
1961		♐
1962	(10:40)	♉
1963		♍
1964		♑
1965	(08:14)	♊
1966		♎
1967	(13:41)	♓
1968		♋
1969	(21:48)	♐
1970		♈
1971		♌
1972	(07:49)	♑
1973		♉
1974	(07:52)	♎
1975		♒
1976		♊
1977		♏
1978		♓
1979	(11:47)	♌
1980		♐
1981	(11:22)	♉
1982		♍

Geburtsdatum/ Mondzeichen		
1983		♑
1984	(05:30)	♊
1985		♎
1986	(03:48)	♓
1987		♋
1988	(21:59)	♐
1989		♈
1990	(20:47)	♍
1991	(13:14)	♑
1992		♉
1993	(05:46)	♎
1994		♒
1995		♊
1996		♏
1997	(20:33)	♈
1998		♌
1999		♐
2000	(13:01)	♉
2001		♍
2002	(15:56)	♒
2003	(15:38)	♊
2004		♎
2005	(01:32)	♓
2006		♋
2007		♏
2008		♈
2009	(16:34)	♍
2010		♑
10.03.		
1920	(22:35)	♐
1921	(16:58)	♈
1922	(01:09)	♌
1923	(16:34)	♑
1924		♉
1925		♍
1926	(15:40)	♒
1927		♊
1928	(03:31)	♏
1929		♓
1930		♋
1931		♐
1932		♈
1933	(14:42)	♍
1934		♑
1935	(11:11)	♊
1936		♎
1937		♒
1938	(05:46)	♋
1939		♏
1940	(03:01)	♈
1941		♌
1942	(18:08)	♑
1943		♉
1944	(22:55)	♎
1945	(13:40)	♒
1946		♊
1947	(10:51)	♏

Geburtsdatum/ Mondzeichen			*Geburtsdatum/ Mondzeichen*			*Geburtsdatum/ Mondzeichen*			*Geburtsdatum/ Mondzeichen*		
1948		♓	2005		♓	1970		♉	1935	(19:52)	♋
1949		♋	2006	(10:42)	♌	1971		♍	1936		♏
1950		♐	2007	(11:37)	♐	1972	(15:42)	♒	1937		♓
1951		♈	2008	(17:13)	♉	1973		♊	1938	(08:23)	♌
1952	(01:51)	♍	2009		♍	1974	(11:40)	♏	1939		♐
1953		♑	2010		♑	1975	(04:49)	♓	1940	(15:44)	♉
1954	(07:06)	♊	**11.03.**			1976		♋	1941		♍
1955		♎	1920		♐	1977		♐	1942	(21:30)	♒
1956	(21:11)	♓	1921		♈	1978		♈	1943	(00:39)	♊
1957	(08:45)	♋	1922		♌	1979		♌	1944		♎
1958	(21:56)	♐	1923		♑	1980		♑	1945	(15:50)	♓
1959	(10:54)	♈	1924	(19:43)	♊	1981	(12:42)	♊	1946		♋
1960		♌	1925	(10:44)	♎	1982		♎	1947	(20:34)	♐
1961	(22:19)	♑	1926		♒	1983		♒	1948		♈
1962		♉	1927	(08:29)	♋	1984	(12:48)	♋	1949		♌
1963		♍	1928		♏	1985		♏	1950		♑
1964	(02:36)	♒	1929		♓	1986	(11:03)	♈	1951		♉
1965		♊	1930	(05:25)	♌	1987	(04:54)	♌	1952	(12:16)	♎
1966	(01:47)	♏	1931		♐	1988		♐	1953		♒
1967		♓	1932	(00:19)	♉	1989		♉	1954	(11:37)	♋
1968	(21:27)	♌	1933		♍	1990		♍	1955	(02:04)	♏
1969		♐	1934	(18:36)	♒	1991		♑	1956		♓
1970	(18:43)	♉	1935		♊	1992		♊	1957	(11:12)	♌
1971	(09:10)	♍	1936	(20:03)	♏	1993	(05:40)	♏	1958		♐
1972		♑	1937	(07:50)	♓	1994		♓	1959	(22:37)	♉
1973	(10:31)	♊	1938		♋	1995		♋	1960		♍
1974		♎	1939	(05:23)	♐	1996	(03:32)	♐	1961		♑
1975		♒	1940		♈	1997	(21:37)	♉	1962		♊
1976	(02:59)	♋	1941	(23:51)	♍	1998	(08:35)	♍	1963		♎
1977	(23:42)	♐	1942		♑	1999	(06:54)	♑	1964	(10:05)	♓
1978	(00:08)	♈	1943		♉	2000	(16:46)	♊	1965		♋
1979		♌	1944		♎	2001		♎	1966	(06:18)	♐
1980	(20:02)	♑	1945		♒	2002		♒	1967	(01:53)	♈
1981		♉	1946	(07:28)	♋	2003		♊	1968		♌
1982	(17:34)	♎	1947		♏	2004		♏	1969	(00:40)	♑
1983	(08:30)	♒	1948	(17:33)	♈	2005	(03:03)	♈	1970		♉
1984		♊	1949	(05:33)	♌	2006		♌	1971	(22:06)	♎
1985	(00:47)	♏	1950	(21:07)	♑	2007		♐	1972		♒
1986		♓	1951	(06:33)	♉	2008		♉	1973	(13:29)	♋
1987		♋	1952		♍	2009	(19:46)	♎	1974		♏
1988		♐	1953	(20:37)	♒	2010	(06:42)	♒	1975		♓
1989	(15:25)	♉	1954		♊	**12.03.**			1976	(08:55)	♌
1990		♍	1955		♎	1920		♐	1977		♐
1991		♑	1956		♓	1921		♈	1978	(06:18)	♉
1992	(13:03)	♊	1957		♋	1922	(01:22)	♍	1979	(00:42)	♍
1993		♎	1958		♐	1923		♑	1980		♑
1994	(14:09)	♓	1959		♈	1924		♊	1981		♊
1995	(10:40)	♋	1960	(15:47)	♍	1925		♎	1982		♎
1996		♏	1961		♑	1926	(16:03)	♓	1983	(20:47)	♓
1997		♈	1962	(13:35)	♊	1927		♋	1984		♋
1998		♌	1963	(06:35)	♎	1928	(16:24)	♐	1985	(02:29)	♐
1999		♐	1964		♒	1929	(02:51)	♈	1986		♈
2000		♉	1965	(12:03)	♋	1930		♌	1987		♌
2001	(11:47)	♎	1966		♏	1931	(01:39)	♑	1988	(03:31)	♑
2002		♒	1967		♓	1932		♉	1989	(17:16)	♊
2003		♊	1968		♌	1933	(19:03)	♎	1990	(06:09)	♎
2004	(03:03)	♏	1969		♐	1934		♒	1991	(01:31)	♒

Geburtsdatum/ Mondzeichen		
1992	(17:50)	♋
1993		♏
1994		♓
1995	(21:28)	♌
1996		♐
1997		♉
1998		♍
1999		♑
2000		♊
2001	(13:42)	♏
2002	(03:56)	♓
2003	(03:12)	♋
2004	(05:57)	♐
2005		♈
2006	(23:24)	♍
2007	(21:35)	♑
2008	(18:54)	♊
2009		♎
2010		♒
13.03.		
1920	(11:25)	♑
1921	(01:14)	♉
1922		♍
1923	(00:02)	♒
1924		♊
1925	(16:37)	♏
1926		♓
1927	(17:52)	♌
1928		♐
1929		♈
1930	(05:54)	♍
1931		♑
1932	(13:03)	♊
1933		♎
1934	(20:25)	♓
1935		♋
1936		♏
1937	(10:00)	♈
1938		♌
1939	(15:35)	♑
1940		♉
1941		♍
1942		♒
1943		♊
1944	(10:12)	♏
1945		♓
1946	(12:14)	♌
1947		♐
1948		♈
1949	(06:24)	♍
1950		♑
1951	(17:36)	♊
1952		♎
1953	(21:17)	♓
1954		♋
1955		♏
1956	(05:26)	♈
1957		♌
1958	(03:36)	♑
1959		♉
1960	(22:19)	♎
1961	(00:29)	♒
1962	(20:25)	♋
1963	(18:51)	♏
1964		♓
1965	(14:23)	♌
1966		♐
1967		♈
1968	(02:51)	♍
1969		♑
1970	(00:37)	♊
1971		♎
1972	(19:39)	♓
1973		♋
1974	(19:20)	♐
1975	(17:18)	♈
1976		♌
1977	(02:40)	♑
1978		♉
1979		♍
1980	(00:45)	♒
1981	(16:06)	♋
1982	(01:17)	♏
1983		♓
1984	(16:21)	♌
1985		♐
1986	(21:04)	♉
1987	(15:55)	♍
1988		♑
1989		♊
1990		♎
1991		♒
1992		♋
1993	(08:33)	♐
1994	(00:59)	♈
1995		♌
1996	(07:08)	♑
1997		♉
1998	(20:58)	♎
1999	(16:32)	♒
2000	(19:51)	♋
2001		♏
2002		♓
2003		♋
2004		♐
2005	(07:05)	♉
2006		♍
2007		♑
2008		♊
2009		♎
2010	(19:43)	♓
14.03.		
1920		♑
1921		♉
1922	(00:44)	♎
1923		♒
1924	(08:08)	♋
1925		♏
1926	(15:52)	♈
1927		♌
1928		♐
1929	(07:05)	♉
1930		♍
1931	(12:03)	♒
1932		♊
1933	(21:27)	♏
1934		♓
1935		♋
1936	(08:06)	♐
1937		♈
1938	(11:05)	♍
1939		♑
1940		♉
1941	(00:51)	♎
1942		♒
1943	(11:51)	♋
1944		♏
1945	(15:32)	♈
1946		♌
1947		♐
1948	(03:40)	♉
1949		♍
1950	(02:52)	♒
1951		♊
1952	(20:20)	♏
1953		♓
1954	(19:17)	♌
1955	(14:13)	♐
1956		♈
1957	(11:20)	♍
1958		♑
1959		♉
1960		♎
1961		♒
1962		♋
1963		♏
1964	(14:15)	♈
1965		♌
1966	(14:55)	♑
1967	(14:54)	♉
1968		♍
1969	(03:09)	♒
1970		♊
1971		♎
1972		♓
1973	(17:07)	♌
1974		♐
1975		♈
1976	(10:59)	♍
1977		♑
1978	(15:48)	♊
1979	(12:42)	♎
1980		♒
1981		♋
1982		♏
1983		♓
1984		♌
1985	(06:55)	♑
1986		♉
1987		♍
1988	(06:08)	♒
1989	(22:27)	♋
1990	(17:25)	♏
1991	(11:11)	♓
1992	(20:20)	♌
1993		♐
1994		♈
1995		♌
1996		♑
1997	(01:48)	♊
1998		♎
1999		♒
2000		♋
2001	(19:17)	♐
2002	(16:34)	♈
2003	(11:06)	♌
2004	(08:51)	♑
2005		♉
2006		♍
2007		♑
2008	(21:37)	♋
2009	(01:22)	♏
2010		♓
15.03.		
1920	(22:58)	♒
1921	(07:29)	♊
1922		♎
1923	(10:08)	♓
1924		♋
1925	(20:51)	♐
1926		♈
1927		♌
1928	(04:33)	♑
1929		♉
1930	(06:43)	♎
1931		♒
1932	(23:46)	♋
1933		♏
1934	(23:00)	♈
1935	(07:48)	♌
1936		♐
1937	(10:54)	♉
1938		♍
1939		♑
1940	(02:53)	♊
1941		♎
1942	(02:09)	♓
1943		♋

Geburtsdatum/ Mondzeichen		
1944	(19:31)	♐
1945		♈
1946	(18:32)	♍
1947	(09:00)	♑
1948		♉
1949	(05:40)	♎
1950		♒
1951		♊
1952		♏
1953	(20:39)	♈
1954		♌
1955		♐
1956	(11:32)	♉
1957		♍
1958	(12:28)	♒
1959	(11:31)	♊
1960		♎
1961	(01:26)	♓
1962		♋
1963		♏
1964		♈
1965	(15:55)	♍
1966		♑
1967		♉
1968	(05:23)	♎
1969		♒
1970	(10:18)	♋
1971	(10:31)	♏
1972	(20:37)	♈
1973		♌
1974		♐
1975		♈
1976		♍
1977	(07:00)	♒
1978		♊
1979		♎
1980	(02:11)	♓
1981	(22:03)	♌
1982	(12:03)	♐
1983	(07:00)	♈
1984	(16:47)	♍
1985		♑
1986		♉
1987		♍
1988		♒
1989		♋
1990		♏
1991		♓
1992		♌
1993	(15:28)	♑
1994	(13:27)	♉
1995	(04:54)	♍
1996	(09:15)	♒
1997		♊
1998		♎
1999	(22:30)	♓
2000	(22:43)	♌

Geburtsdatum/ Mondzeichen		
2001		♐
2002		♈
2003		♌
2004		♑
2005	(14:44)	♊
2006	(12:12)	♎
2007	(03:52)	♒
2008		♋
2009		♏
2010		♓
16.03.		
1920		♒
1921		♊
1922	(01:13)	♏
1923		♓
1924	(18:31)	♌
1925		♐
1926	(17:06)	♉
1927	(05:22)	♍
1928		♑
1929	(10:23)	♊
1930		♎
1931		♒
1932		♋
1933	(23:18)	♐
1934		♈
1935		♌
1936	(17:51)	♑
1937		♉
1938	(15:08)	♎
1939	(04:01)	♒
1940		♊
1941	(01:03)	♏
1942		♓
1943		♋
1944		♐
1945	(14:54)	♉
1946		♍
1947		♑
1948	(11:45)	♊
1949		♎
1950	(10:59)	♓
1951	(06:06)	♋
1952		♏
1953		♈
1954		♌
1955		♐
1956		♉
1957	(10:59)	♎
1958		♒
1959		♊
1960	(02:37)	♏
1961		♓
1962	(06:56)	♌
1963	(07:27)	♐
1964	(16:30)	♉
1965		♍

Geburtsdatum/ Mondzeichen		
1966		♑
1967		♉
1968		♎
1969	(06:04)	♓
1970		♋
1971		♏
1972		♈
1973	(21:42)	♍
1974	(06:41)	♑
1975	(04:52)	♉
1976	(10:44)	♎
1977		♒
1978		♊
1979	(22:49)	♏
1980		♓
1981		♌
1982		♐
1983		♈
1984		♍
1985	(14:11)	♒
1986	(09:23)	♊
1987	(00:34)	♎
1988	(06:42)	♓
1989		♋
1990		♏
1991	(17:38)	♈
1992	(21:13)	♍
1993		♑
1994		♉
1995		♍
1996		♒
1997	(09:51)	♋
1998	(09:51)	♏
1999		♓
2000		♌
2001		♐
2002		♈
2003	(14:52)	♍
2004	(12:10)	♒
2005		♊
2006		♎
2007		♒
2008		♋
2009	(10:21)	♐
2010	(07:32)	♈
17.03.		
1920		♒
1921	(11:36)	♋
1922		♏
1923	(22:06)	♈
1924		♌
1925		♐
1926		♉
1927		♍
1928	(13:31)	♒
1929		♊
1930	(09:46)	♏

Geburtsdatum/ Mondzeichen		
1931	(00:26)	♓
1932		♋
1933		♐
1934		♈
1935	(20:51)	♍
1936		♑
1937	(12:19)	♊
1938		♎
1939		♒
1940	(10:57)	♋
1941		♏
1942	(08:41)	♈
1943	(00:41)	♌
1944		♐
1945		♉
1946		♍
1947	(21:35)	♒
1948		♊
1949	(05:25)	♏
1950		♓
1951		♋
1952	(02:15)	♐
1953	(20:44)	♉
1954	(05:21)	♍
1955	(03:01)	♑
1956	(16:11)	♊
1957		♎
1958	(23:41)	♓
1959	(23:28)	♋
1960		♏
1961	(02:32)	♈
1962		♌
1963		♐
1964		♉
1965	(18:04)	♎
1966	(02:35)	♒
1967	(03:19)	♊
1968	(06:33)	♏
1969		♓
1970	(22:39)	♌
1971	(21:23)	♐
1972	(20:27)	♉
1973		♍
1974		♑
1975		♉
1976		♎
1977	(13:06)	♓
1978	(03:49)	♋
1979		♏
1980	(01:41)	♈
1981		♌
1982		♐
1983	(15:04)	♉
1984	(15:51)	♎
1985		♒
1986		♊
1987		♎

Geburtsdatum/ Mondzeichen		
1988		♓
1989	(07:13)	♌
1990	(05:56)	♐
1991		♈
1992		♍
1993		♑
1994		♉
1995	(09:18)	♎
1996	(10:50)	♓
1997		♋
1998		♏
1999		♓
2000		♌
2001	(05:02)	♑
2002	(05:01)	♉
2003		♍
2004		♒
2005		♊
2006	(23:59)	♏
2007	(06:30)	♓
2008	(02:04)	♌
2009		♐
2010		♈
18.03.		
1920	(07:25)	♓
1921		♋
1922	(04:33)	♐
1923		♈
1924		♌
1925	(00:07)	♑
1926	(21:42)	♊
1927	(17:48)	♎
1928		♒
1929	(13:24)	♋
1930		♏
1931		♓
1932	(06:56)	♌
1933		♐
1934	(03:46)	♉
1935		♍
1936	(23:52)	♒
1937		♊
1938	(21:53)	♏
1939	(16:31)	♓
1940		♋
1941	(02:08)	♐
1942		♈
1943		♌
1944	(02:13)	♑
1945	(16:04)	♊
1946	(02:40)	♎
1947		♒
1948	(17:14)	♋
1949		♏
1950	(21:21)	♈
1951	(17:44)	♌
1952		♐
1953		♉
1954		♍
1955		♑
1956		♊
1957	(12:15)	♏
1958		♓
1959		♋
1960	(05:37)	♐
1961		♈
1962	(19:33)	♍
1963	(18:35)	♑
1964	(18:26)	♊
1965		♎
1966		♒
1967		♊
1968		♏
1969	(10:27)	♈
1970		♌
1971		♐
1972		♉
1973		♍
1974	(19:38)	♒
1975	(14:43)	♊
1976	(10:17)	♏
1977		♓
1978		♋
1979		♏
1980		♈
1981	(06:20)	♍
1982	(00:47)	♑
1983		♉
1984		♎
1985	(23:50)	♓
1986	(22:04)	♋
1987	(06:57)	♏
1988	(06:45)	♈
1989		♌
1990		♐
1991	(21:40)	♉
1992	(21:55)	♎
1993	(01:52)	♒
1994	(02:29)	♊
1995		♎
1996		♓
1997	(21:08)	♌
1998	(21:56)	♐
1999	(01:13)	♈
2000	(01:49)	♍
2001		♑
2002		♉
2003	(15:43)	♎
2004	(16:26)	♓
2005	(01:44)	♋
2006		♏
2007		♓
2008		♌
2009	(22:19)	♑
2010	(17:29)	♉
19.03.		
1920		♓
1921	(13:52)	♌
1922		♐
1923		♈
1924	(01:27)	♍
1925		♑
1926		♊
1927		♎
1928	(18:20)	♓
1929		♋
1930	(16:23)	♐
1931	(13:24)	♈
1932		♌
1933	(01:47)	♑
1934		♉
1935		♍
1936		♒
1937	(15:25)	♋
1938		♏
1939		♓
1940	(15:15)	♌
1941		♐
1942	(17:39)	♉
1943	(12:43)	♍
1944		♑
1945		♊
1946		♎
1947		♒
1948		♋
1949	(07:30)	♐
1950		♈
1951		♌
1952	(06:19)	♑
1953	(23:35)	♊
1954	(16:57)	♎
1955	(13:47)	♒
1956	(19:47)	♋
1957		♏
1958		♓
1959		♋
1960		♐
1961	(05:25)	♉
1962		♍
1963		♑
1964		♊
1965	(22:32)	♏
1966	(15:19)	♓
1967	(13:10)	♋
1968	(07:54)	♐
1969		♈
1970		♌
1971		♐
1972	(21:12)	♊
1973	(03:48)	♎
1974		♒
1975		♊
1976		♏
1977	(21:23)	♈
1978	(16:12)	♌
1979	(06:38)	♐
1980	(01:13)	♉
1981		♍
1982		♑
1983	(21:20)	♊
1984	(15:48)	♏
1985		♓
1986		♋
1987		♏
1988		♈
1989	(18:39)	♍
1990	(18:01)	♑
1991		♉
1992		♎
1993		♒
1994		♊
1995	(11:52)	♏
1996	(13:15)	♈
1997		♌
1998		♐
1999		♈
2000		♍
2001	(17:36)	♒
2002	(16:20)	♊
2003		♎
2004		♓
2005		♋
2006		♏
2007	(06:42)	♈
2008	(08:25)	♍
2009		♑
2010		♉
20.03.		
1920	(12:43)	♈
1921		♌
1922	(11:41)	♑
1923	(11:00)	♉
1924		♍
1925	(02:51)	♒
1926		♊
1927		♎
1928		♓
1929	(16:27)	♌
1930		♐
1931		♈
1932	(10:18)	♍
1933		♑
1934	(11:51)	♊
1935	(09:08)	♎
1936		♒
1937		♋
1938		♏
1939		♓

Geburtsdatum/ Mondzeichen			*Geburtsdatum/ Mondzeichen*			*Geburtsdatum/ Mondzeichen*			*Geburtsdatum/ Mondzeichen*		
1940		♌	1969	(17:20)	♉	1998		♐	1941		♑
1941	(05:25)	♑	1970	(11:30)	♍	1999	(02:09)	♉	1942		♉
1942		♉	1971	(05:37)	♑	2000	(05:57)	♎	1943	(22:21)	♎
1943		♍	1972		♊	2001		♒	1945		♋
1944	(05:55)	♒	1973		♎	2002		♊	1946		♏
1945	(20:31)	♋	1974		♒	2003	(15:38)	♏	1947		♓
1946	(13:04)	♏	1975	(21:48)	♋	2004	(22:29)	♈	1950	(09:32)	♉
1947	(07:58)	♓	1976	(11:34)	♐	2005	(14:17)	♌	1951	(02:39)	♍
1948	(19:58)	♌	1977		♈	2006	(09:43)	♐	1954		♎
1949		♐	1978		♌	2007		♈	1955	(20:45)	♓
1950		♈	1979		♐	2008		♍	1958		♈
1951		♌	1980		♉	2009		♑	1959		♌
1952		♑	1981	(16:31)	♎	2010		♉	1962	(08:28)	♎
1953		♊	1982	(12:53)	♒	**21.03.**			1963	(02:21)	♒
1954		♎	1983		♊	1921	(15:08)	♍	1966		♓
1955		♒	1984		♏	1922		♑	1967	(19:04)	♌
1956		♋	1985		♓	1923		♉	1970		♍
1957	(16:54)	♐	1986		♋	1925		♒	1971		♑
1958	(12:17)	♈	1987	(11:32)	♐	1926	(06:30)	♋	1974	(07:33)	♓
1959	(08:22)	♌	1988	(08:05)	♉	1927	(06:21)	♏	1975		♋
1960	(08:14)	♑	1989		♍	1929		♌	1978		♌
1961		♉	1990		♑	1930		♐	1979	(11:56)	♑
1962		♍	1991		♉	1931		♈	1983		♊
1963		♑	1992		♎	1933	(05:39)	♒	1987		♐
1964	(21:11)	♋	1993	(14:11)	♓	1934		♊	1991	(00:37)	♊
1965		♏	1994	(13:54)	♋	1935		♎	1995	(13:57)	♐
1966		♓	1995		♏	1937	(20:35)	♌	1999		♉
1967		♋	1996		♈	1938	(08:01)	♐	2003		♏
1968		♐	1997		♌	1939	(03:41)	♈	2007	(06:15)	♉

Wie Sie mehr über Ihr Horoskop erfahren können

Der Unterschied zwischen dem, was ein Buch über Tierkreiszeichen an individueller Deutung leisten kann, und der Interpretation Ihres persönlichen Horoskops ist wesentlich größer als der zwischen einem Anzug von der Stange und einem maßgefertigten Kleidungsstück.

Wenn Sie mehr darüber erfahren wollen, was die Gestirne über Ihr individuelles Schicksal aussagen, benötigen Sie zunächst einmal ein genau berechnetes Horoskop. Wer einen Computer hat oder jemanden kennt, der einen besitzt, hat es leicht: Es gibt eine Vielzahl von Astrologieprogrammen, die für jeden Geschmack und jeden Geldbeutel etwas bieten. Wenn Sie bereits einen Horoskopausdruck haben, können Sie sich mit Hilfe astrologischer Lehrbücher an eine genauere Interpretation herantasten. Es existieren außerdem Astrologieschulen, die Sie in der Horoskopdeutung unterrichten können. Schließlich gibt es Firmen, die Horoskopberechnungen und Computerdeutungen anbieten.

Astrologieprogramme

Leider ist auch in der Astrologie nicht alles Gold, was glänzt. Neben seriösen Astrologen, die Ihnen eine echte Lebenshilfe geben können, tummeln sich auf dem Gebiet auch viele Scharlatane. Das gleiche gilt sinngemäß natürlich für Bücher, Computerprogramme und Deutungen.

Vorsicht vor Scharlatanen

Wenn Sie in dieser Hinsicht Hilfestellung und unverbindliche Informationen wünschen, können Sie sich gern direkt an den Autor wenden. Die Adresse finden Sie auf Seite 8.

Bitte legen Sie einen adressierten DIN-A4-Umschlag und DM 5,– in Briefmarken bei, und verwenden Sie das *Stichwort »Astro-Info«.* Sie erhalten dann eine umfangreiche Liste mit unseren persönlichen Empfehlungen zu allen Bereichen der Astrologie. Ihre Adresse wird von uns nicht gespeichert und auch nicht an andere weitergegeben.

Wenn Sie eine schriftliche Horoskopdeutung nach der Methode des Autors möchten, ohne daß Sie sich selbst mit Computerberechnungen auseinandersetzen müssen, können Sie hierzu kostenlos und unverbindlich Informationsmaterial unter der Adresse des Autors anfordern *(Stichwort »Querverbindungen«).*

Die Deutung und Bedeutung des Aszendenten

Wie bereits im Einleitungskapitel dargestellt, besteht ein Horoskop aus vielen verschiedenen Deutungselementen, von denen das Tierkreiszeichen zwar das bekannteste, aber eben nur eines von vielen ist. Das Tierkreiszeichen eines Menschen ist wie gesagt nichts anderes als die Position der Sonne im Tierkreis (= Zodiakus) zum Zeitpunkt der Geburt. Da unser Kalender ebenfalls mit dem Sonnenlauf – von der Erde aus gesehen – korrespondiert, läßt sich anhand des Geburtsdatums recht genau bestimmen, welches Tierkreiszeichen zu einem gehört. Dies ist sicherlich der Hauptgrund, warum die Sonnenzeichen so populär wurden.

Sonnenzeichen

Der wohl wichtigste Einzelfaktor für ein wirklich persönliches Horoskop ist aber der Aszendent. Der Begriff kommt von dem lateinischen Wort *ascendere,* was soviel wie »aufsteigen« bedeutet. Mit dem Aszendenten ist der Abschnitt des Zodiakus gemeint, der im Augenblick der Geburt in östlicher Richtung am Horizont aufgeht. Der Aszendent ist außerdem identisch mit der Spitze – also dem Anfang – des ersten Hauses. Da der Aszendent etwa alle vier Minuten seine Position ändert, müssen Geburtsort und die genaue Geburtszeit bekannt sein, um ihn bestimmen zu können. Wenn Sie Ihre Geburtszeit kennen, steht der Berechnung des Aszendenten nichts im Wege. Falls sie Ihnen nicht bekannt ist, können Sie sie wie gesagt beim Standesamt Ihres Geburtsortes erfahren. Bei den meisten Standesämtern wird eine schriftliche Anfrage mit frankiertem Rückumschlag

Geburtsort

umgehend bearbeitet, manche verlangen allerdings eine Gebühr. Telefonisch erhalten Sie wegen des Datenschutzes nur selten Auskunft.

Im folgenden Abschnitt wird beschrieben, wie Sie den Aszendenten einfach feststellen können. Dank eines völlig neuen Verfahrens ist dies erstmals ohne komplizierte Berechnungen und absolut zuverlässig möglich.

Wie ist der Aszendent zu deuten? Vereinfacht gesagt, gibt der Aszendent Auskunft darüber, wer wir sind, während das Sonnenzeichen beschreibt, wie wir uns verhalten. Wenn wir den Menschen mit einem Auto vergleichen, dann würde der Aszendent uns verraten, um was für ein Gefährt es sich handelt, während das Tierkreiszeichen – also die Position der Sonne – uns Aufschluß darüber gibt, wie es behandelt und gefahren wird. Dies zeigt auch schon, daß die oft gestellte Frage, was denn nun wichtiger sei, der Aszendent oder das Tierkreiszeichen, im Grunde unsinnig ist. Handeln (Sonne) setzt Körperlichkeit (Aszendent) voraus. Eine Veranlagung (Aszendent), die nicht gelebt wird (Sonne), ist bedeutungslos.

Körperlichkeit

Wie können Sie nun Näheres zur Interpretation Ihres Aszendenten erfahren? Hier gibt es mehrere Wege. Der einfachste ist natürlich, sich ein spezielles Buch zu diesem Thema zu besorgen und unter dem entsprechenden Kapitel nachzuschlagen. Vielleicht kennen Sie auch jemanden, der sich intensiver mit Astrologie beschäftigt und Ihnen persönlich Auskünfte über die Bedeutung Ihres Aszendenten und Ihres Sonnenzeichens geben kann. Falls Sie ein Tierkreiszeichen-Buch (zum Beispiel aus dieser Reihe) Ihres Aszendenten-Zeichens besitzen, können Sie auch das lesen und dabei im Hinterkopf behalten, daß es sich hier weniger um Ihr tatsächliches Verhalten, sondern um Ihre Charakteranlagen handelt. Da sich allerdings unsere Anlagen und unser Verhalten ständig wechselseitig beeinflussen, erzielen Sie schon gute Ergebnisse, wenn Sie sich selbst einfach als eine »Mischung« beider Zeichen betrachten.

Charakteranlagen

Falls Sie feststellen sollten, daß bei Ihnen Sonne und Aszendent im gleichen Tierkreiszeichen stehen, müssen Sie natürlich kein weiteres Buch zu Rate ziehen. Für Sie sollten dann die in diesem Band gemachten Aussagen in besonderem Maße zutreffen.

Die Bestimmung des Aszendenten

Die Verwendung der nachfolgenden Aszendentengrafik ist denkbar einfach: Die Skala am linken Rand (C) gibt das Datum an, die Skala am rechten Rand (A) die Uhrzeit. Markieren Sie Ihr Geburtsdatum und Ihre Geburtszeit, nehmen Sie ein Lineal und verbinden Sie beides mit einem Strich – fertig! Das Tierkreiszeichen (B) in der Mitte der Grafik, das von Ihrer Linie gekreuzt wird, ist Ihr Aszendent.
Wichtige Hinweise: Die Grafik bezieht sich auf mitteleuropäische Zeit. Falls bei Ihrer Geburt die Sommerzeit galt, müssen Sie eine Stunde abziehen. Eine Sommerzeitentabelle finden Sie im Anhang dieses Buches. Die Aszendentengrafik funktioniert nur dann, wenn Sie in Deutschland geboren sind. Ohne eine wirklich genaue Geburtszeitangabe ist kein zuverlässiges Ergebnis zu erzielen.

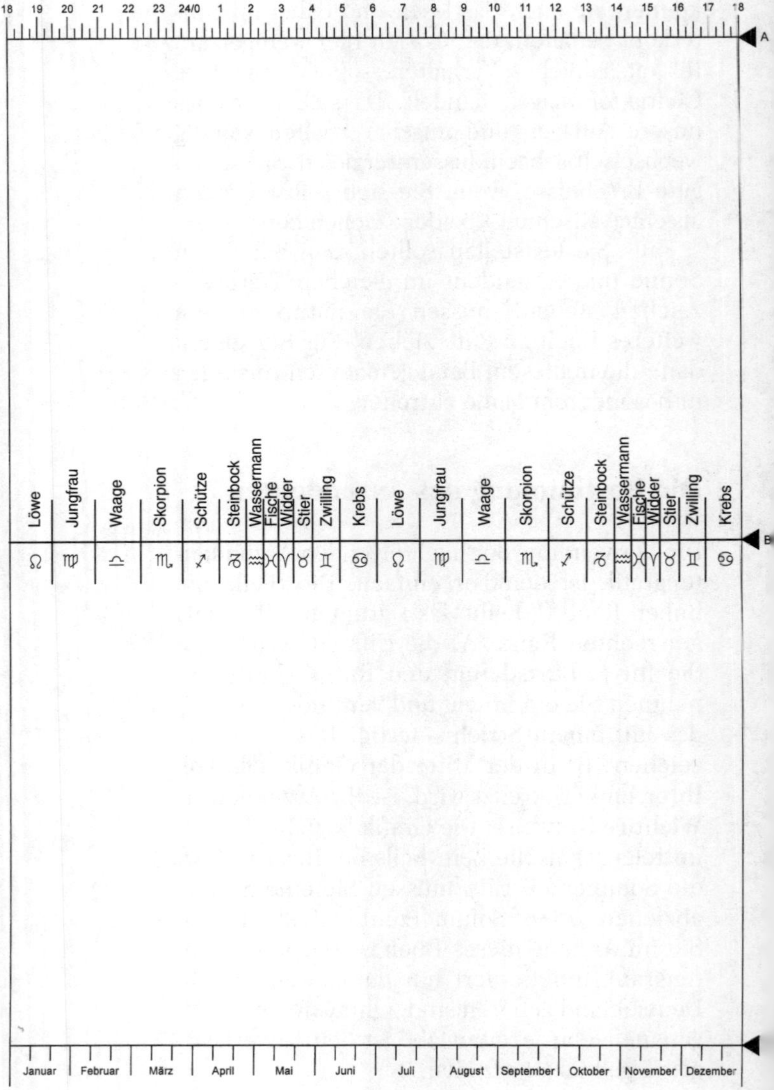
18 19 20 21 22 23 24/0 1 2 3 4 5 6 7 8 9 10 11 12 13 14 15 16 17 18
A
Löwe
Jungfrau
Waage
Skorpion
Schütze
Steinbock
Wassermann
Fische
Widder
Stier
Zwilling
Krebs
Löwe
Jungfrau
Waage
Skorpion
Schütze
Steinbock
Wassermann
Fische
Widder
Stier
Zwilling
Krebs
B
Januar
Februar
März
April
Mai
Juni
Juli
August
September
Oktober
November
Dezember